国家示范性学校特色教材

幸福延伸

（第2版）

主　编　钟修仁　韦红教

副主编　梁　源　陆　佳　毛华剑　梁　勇　杨行铭

主　审　罗　华

電子工業出版社

Publishing House of Electronics Industry

北京·BEIJING

内 容 简 介

本书作为中等职业学校德育教育的特色教材，共分为三篇，上篇为文明礼仪弟子规，中篇为法律知识，下篇为工作生活安全。本书通过案例介绍与分析讨论，将知识性与趣味性融合在一起，文字浅显易懂，增强了内容的可读性和实操性，从而加深学生对知识的理解和记忆。

本书指导性、可读性、趣味性兼备，既可作为中等职业学校在校生的学习用书，也可作为广大青少年读者学习和研究的参考书。

图书在版编目（CIP）数据

幸福延伸 / 钟修仁，韦红教主编．—2 版．—北京：电子工业出版社，2015.9
ISBN 978-7-121-27074-1

Ⅰ. ①幸… Ⅱ. ①钟… ②韦… Ⅲ. ①德育－中等专业学校－教材 Ⅳ. ①G711

中国版本图书馆 CIP 数据核字（2015）第 206400 号

策划编辑：祁玉芹
责任编辑：鄂卫华
印　　刷：中国电影出版社印刷厂
装　　订：中国电影出版社印刷厂
出版发行：电子工业出版社
北京市海淀区万寿路 173 信箱　邮编　100036
开　　本：787×1092　1/16　印张：10　字数：243 千字
版　　次：2013 年 9 月第 1 版
2015 年 9 月第 2 版
印　　次：2018 年 8 月第 5 次印刷
定　　价：25.00 元

凡所购买电子工业出版社图书有缺损问题，请向购买书店调换。若书店售缺，请与本社发行部联系，联系及邮购电话：（010）88254888。

质量投诉请发邮件至 zlts@phei.com.cn，盗版侵权举报请发邮件至 dbqq@phei.com.cn。

服务热线：（010）88258888。

前　　言

《幸福延伸》是国家示范性中等职业学校德育特色教材之一，是中职院校学生乃至青少年读者思想道德品质提升的刊物之一。全书从中华传统经典文化《弟子规》、法律常识、安全常识三个方面入手，以学、思、行三种方式进行编撰，旨在培养青年学生养成讲文明、懂礼仪、会感恩、友爱他人、爱岗敬业、知法守法的良好职业素养和健康的人格魅力。

职业教育从某个层面来讲是就业教育，中职院校通过对学生进行系统的知识和技能教育，使其掌握相应的专业技能，实现就业、创业和构筑发展平台，继而走向幸福的人生道路。中职院校遵循职业教育“德育为先，技能为主”的育人原则，在技能教育的同时，注重培养和提升学生的职业素养和人格魅力，为学生的成长注入更多的正能量。学校能培养出深受企业欢迎、社会认可的学生，是学校之福；企业能用上具有良好职业素养和人格魅力的毕业生，是企业之福；国家拥有一大批这样优秀的青年，也是国家之福。由此可见，这本书所蕴含之幸福从内涵和外延都得到了延伸，这就是我们编写这本书的目的所在。

本书由钟修仁和韦红教担任主编，梁源、陆佳、毛华剑、梁勇和杨行铭担任副主编，罗华主审全书。其中“文明礼仪弟子规”由梁源、梁勇、陆佳、李姜春、甘麒燕、孙广福、李金成、黄炜、李光红和董艳编写；“法律知识”由毛华剑、韦军、方华杰和骆任芳编写；“工作生活安全”由杨行铭、杨波、孙祖德和韦雪琳编写。

由于时间紧迫加之编者水平有限，尽管我们做了努力，教材中缺点和疏漏亦在所难免，对书中不当之处，恳请专家和读者批评指正，提出宝贵意见，以便于修订再版，使之不断完善。

编　者

2015年8月

目录 CONTENTS

上篇 文明礼仪弟子规

中篇 法律知识

下　篇　工作生活安全

上篇　文明礼仪弟子规

第一章　总　叙

Dì	zǐ	guī	shèng	rén	xùn	Shǒu	xiào	tì	cì	jǐn	xìn
弟	子	规	圣	人	训	首	孝	悌	次	谨	信
Fàn	ài	zhòng	ér	qīn	rén	Yǒu	yú	lì	zé	xué	wén
泛	爱	众	而	亲	仁	有	余	力	则	学	文

【语句释文】

本意为：《弟子规》这本书是根据圣人先师孔子的教诲编写而成的生活规范。我们在日常生活中首先要做到孝敬父母，友爱兄弟姐妹；其次言行要谨慎，讲信用；和大众交往时要博爱仁和；时常要亲近品德高尚的人。还有多余的时间和精力，就应该努力学习。

我们可以理解为：做人的规矩是圣人传下来的真理，做人首先要有孝心、要孝顺，其次要保持衣食住行的严谨和诚实守信；要有博大的爱心，爱护关心别人，要亲切热情和具有仁义感恩之心；只要有空闲时间，就要抓紧学习文化知识。

【经典故事】

黄香扇枕

黄香，字文强，为东汉时期的江夏安陆（今湖北安陆西北）人。他年轻时博学经典，精通道术，善作文章，名闻天下。汉肃宗曾诏他上殿对策，然后赞赏地对文武百官说："这就是天下无双的江夏黄童呀！"文武百官莫不钦佩称奇。此后黄香相继任尚书令、东郡太守等要职。在当时黄香被众人相传最多的不是他的仕途，而是他的孝道。他九岁丧母，父亲多病，再加上因家境贫寒，一切家务全由黄香一人料理，尽管如此，他对父亲的孝顺却做到了尽善尽美。闷热的夏天，他在睡前用扇子赶打蚊子，扇凉父亲睡觉的床和枕头，以便让父亲早一点入睡；寒冷的冬夜，他先钻进冰冷的被窝，用自己的身体暖热被窝后才让父亲躺下；冬天，他穿不起棉袄，为了不让父亲伤心，他也从不叫冷，反而每天表现出活跃欢快的样子，努力在家中营造其乐融融的气氛，好让父亲宽心，早日康复。在黄香十二岁时，江夏太守刘户听说后，把他召到署门下，称赞他是"至孝"。汉和帝听说后，又颁旨嘉奖。（后世流传的"黄香扇枕"的典故，指的就是黄香这番孝

亲事迹)

【案例介绍】

近年来，网络爆红的让百万人听了为之落泪的演讲是一个22岁的黑社会青年用其朴实的语言讲述自己的经历：他曾被13所学校开除，一度沦为专门危害社会、伤害他人的黑社会青年。适时读书的年纪不好好读书，整天在外面混，讲哥们义气，吃喝玩乐，飚车，穿名牌，进夜总会，一连六年时间对疼爱他的爸爸妈妈不闻不问。当他将在外地用不正当手段挣来的钱拿回家乡时，不是为了探望父母，而是为了在哥们面前炫耀，显示自己的老大能力，在他眼里哥们义气远比亲情重要，妈妈来看六年不见的儿子，嘘寒问暖却遭到儿子冷漠甩手的尴尬场面。当他用完身上所有的钱才想到从妈妈那骗点车费再次离家时，母亲为了挽救堕落的儿子，在答应给车费的同时提出观看完《弟子规》影片的要求。看完影片后，他有了要改变自己的想法，并答应妈妈不再离家，留下来听妈妈的安排。母亲从安排儿子做义工开始，通过行动让其低下头来，在做义工时他得到了意想不到的回报：不但得到敬老院爷爷奶奶们像疼爱自己亲孙子一样的待遇，而且也接连不断地得到社会上给他有工资报酬工作的机遇，让这位22年来没做过一件人事的傲慢青年体会到了做人的真正快乐。恍然大悟的他意识到自己之前走歪路盲目挣来的那些东西，如今只是做了一些力所能及的事，便轻而易举得到了。从此，他开始相信《弟子规》，并认真学习、践行《弟子规》，经过不断的学习和领悟，他不仅帮助舅舅找到工作，还让濒临破碎的家庭重归于好，就连身边的朋友也由原来的黑社会人员换成了教授、专家、学者和成功人士。他明白了妈妈的良苦用心，更懂得了妈妈让他学习《弟子规》这本书的苦心所在，它不愧是一笔用再多金钱也买不到的精神财富，是一部做人的道德准则经典！

【分析讨论】

结合《弟子规》总叙的学习，你认为学习践行《弟子规》最大的好处在哪里？

【思考题】

1. 学习《弟子规》有哪些现实意义?

2. 百事孝为先，想一想从小到大，你为父母和兄弟姐妹做过什么?

3. 你打算如何把《弟子规》学好?如何落实到行动中去?

【作业题】

1. 通过学习《弟子规》总叙的内容，我明白了________________。
2. 通过案例学习，我学会了________________。
3. 通过案例分析，我提高了________________。

【落实行动】

1. 认真学习《弟子规》，深刻领会其内容。

2. 熟读，并能背诵《弟子规》。

3. 把《弟子规》的内容和要求落实到具体的行动上，做一名德能兼备的人。

【知识拓展】

《弟子规》原名《训蒙文》，是清朝康熙年间一名为李毓秀的教书秀才，根据传统对儿童启蒙的要求以及结合自己的教书实践编写而成的。后来经清代贾存仁的修订改编，改名《弟子规》。

《弟子规》的总叙不但告诉我们这本书主要讲什么，而且它也是后面各个章节的一个总目录。它以《论语》“学而篇”中的“弟子入则孝，出则悌，谨而信，泛爱众，而亲仁，有余力，则学文”为开篇，核心思想为孝悌仁爱，并以三字成句的形式，简明扼要的语言，教育弟子在家如何孝敬父母，养成忠厚家风，出外如何做到博爱众生，防邪存诚，怎样待人、接物、求学，如何提高自己，做一个品德高尚的人。

第二章 入则孝

第一节 做一个谨听教诲的人

Fù	mǔ	hū	yìng	wù	huǎn	Fù	mǔ	mìng	xíng	wù	lǎn
父	母	呼	应	勿	缓	父	母	命	行	勿	懒
Fù	mǔ	jiào	xū	jìng	tīng	Fù	mǔ	zé	xū	shùn	chéng
父	母	教	须	敬	听	父	母	责	须	顺	承

【语句释文】

本意为：听到父母呼唤，要及时应答；父母有事情需要我们去做的时候，应立即行动起来，不要拖拖拉拉，懒懒散散。父母教导我们做人处世的道理是为我们好，应恭敬地聆听；当我们做错事、父母责备教育时，应当顺从接受，不可顶嘴强辩，使父母生气伤心。

我们可以理解为：每个人对待父母要尊重和顺从，在具体的言行举止中都要做到以尊重为前提，相信父母对自己的爱和好，时时刻刻将父母放在首位来爱戴。进而在学校我们要尊敬老师，在工作岗位我们要尊重领导。

【经典故事】

小杖则受　大杖则走

曾参侍奉父母，尽心尽力。有一次，曾参的父亲曾点叫他去瓜地锄草，曾参不小心将一棵瓜苗锄掉，曾点认为其子用心不专，便用棍子责打。由于出手太重，将曾参打昏，当曾参苏醒后，并没有因为被误打而忿忿不平。孔子知道此事后教训他说："小杖则受，大杖则走，今参委身待暴怒，以陷父不义，安得孝乎！"如果大杖不走，让父亲在盛怒之下将其打死，就会令父亲受不义之恶名，造成终身遗憾。曾参承认说："参罪大矣！"

【案例介绍】

张同学系某中等职业学校学生，该生在校期间表现一般。一日，有同学来报，张同学带了一把很长的砍刀到校并藏在其枕头下。班主任马上与保卫科老师前去搜查，果然查出一把长 60 厘米的砍刀。于是班主任通知张同学的父亲到校共同对其进行教育，其父亲到校看到砍刀后，十分震惊与愤怒，在教育张同学的时候伸手推了他一下。没想到张同学不但没有悔改之意，竟然用手指着父亲的鼻子，恶狠狠地对父亲说："你给我记住了，今天你推了我一把。”事后，班主任经常找张同学谈话，动之以情，晓之以理，使张同学不但明白了私藏管制刀具是违法行为，而且还明白父亲责备中更深一层的意思，最后张同学也领会到《弟子规》中“父母教，须敬听”的意义。

【分析讨论】

结合《弟子规》相关知识的学习，谈谈你对张同学错误行为的看法。

【思考题】

1. 想一想从出生到现在是谁对你无微不至地关心和照顾？

2. 你对父母有过哪些不尊的行为？今后如何改正？

3. 对父母的教诲，你是如何做的？

【作业题】

1. 通过学习《弟子规》相关内容，我明白了____________________。
2. 通过案例学习，我学会了____________________。
3. 通过案例分析，我提高了____________________。

【落实行动】

1. 在家虚心接受父母的教导。

2. 在校虚心接受老师的教诲。

3. 在外虚心接受亲朋好友的批评。

4. 在单位听从领导的指挥。

第二节 做一个关心孝敬父母的人

Dōng	zé	wēn	xià	zé	qìng	Chén	zé	xǐng	hūn	zé	dìng
冬	则	温	夏	则	凊	晨	则	省	昏	则	定
Qīn	yǒu	jí	yào	xiān	cháng	Zhòu	yè	shì	bù	lí	chuáng
亲	有	疾	药	先	尝	昼	夜	侍	不	离	床

【语句释文】

本意为：为人子女，冬天要留意父母穿得是否温暖，居处是否暖和。夏天，要考虑父母是否感到凉爽。早上要恭恭敬敬地请安，晚上要伺候父母睡下。父母亲生病时，子女应当尽心尽力地照顾，一旦病情加重时，更要昼夜服侍，不可以随便离开。

我们可以理解为：任何时候都应该关心爱护父母，从日常的小事中让父母感觉到关怀，特别是当父母生病的时候，作为子女应该尽心尽力地照顾。

【经典故事】

子路借米孝敬父母

子路，春秋末鲁国人。在孔子的弟子中以政事著称，尤其以勇敢闻名。但子路小的时候家里很穷，长年靠吃粗粮野菜等度日。有一次，年老的父母想吃米饭，可是家里一点米也没有，怎么办？子路想到要是翻过几道山到亲戚家借点米，不就可以满足父母的这点要求了吗？于是，小小的子路翻山越岭走了十几里路，从亲戚家背回了一小袋米，看到父母吃上了香喷喷的米饭，子路忘记了疲劳。邻居们知道后，都夸子路是一个勇敢孝顺的好孩子。

【案例介绍】

李同学系某中等职业学校学生，成绩优秀，与老师和同学们关系良好。平日里，遇到老师和同学有需要，他总是倾力而为，有时看到需要帮忙的事情就主动请缨。有一天，李同学得知自己的父亲得重病住在医院，立即请假到医院照顾父亲，班主任到医院探望时映入眼帘的是这样一幅画面：李同学双手拿着书，坐在床边轻轻地念给父亲听，满脸的憔悴；他的父亲躺在床上，眼泪汪汪地端详着守在病床前已经三天三夜没有入眠的儿子。

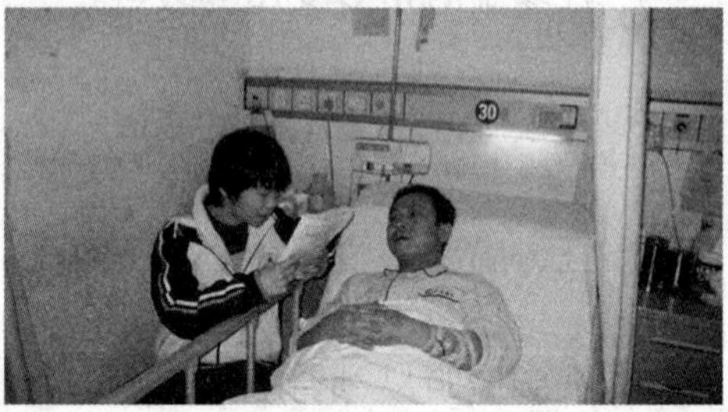

后来，李同学成为该校的模范学生，其先进事迹广为同学们传颂。

【分析讨论】

结合《弟子规》相关知识的学习，谈谈你对李同学的看法。

【思考题】

1. 想一想在校应该如何用实际行动回报父母对你的恩情？

2. 你为父母做过哪些有意义的事情？有何感受？

【作业题】

1. 通过学习《弟子规》相关内容，我明白了＿＿＿＿＿＿＿＿＿＿＿＿＿＿＿＿＿＿＿＿。
2. 通过案例学习，我学会了＿＿＿＿＿＿＿＿＿＿＿＿＿＿＿＿＿＿＿＿＿＿＿＿＿＿。
3. 通过案例分析，我提高了＿＿＿＿＿＿＿＿＿＿＿＿＿＿＿＿＿＿＿＿＿＿＿＿＿＿。

【落实行动】

1. 在家关心孝顺父母。
2. 在校尊敬老师，团结同学。
3. 在外乐于帮助亲朋好友。
4. 在单位积极协助领导，与同事团结协作。

第三节　做一个生活起居有规律的人

Chū	bì	gào	fǎn	bì	miàn	Jū	yǒu	cháng	yè	wú	biàn
出	必	告	反	必	面	居	有	常	业	无	变

【语句释文】

本意为：外出离家时，必须告诉父母要到哪里去，回家后还要当面告知父母回来了，让父母安心。平时起居作息，要保持正常有规律，做事有常规，不要任意改变，以免父母忧虑。

我们可以理解为：离家及回家必须告知父母，让父母安心。平日起居作息要有规律，做事情要有常规，不要让父母担心。作为企业员工，外出和返回公司，都要告诉你的主管。每个人在外都要有稳定的居住地点，对于你所从事的工作或感兴趣的专业要努力做好，不要坐望山高。

【经典故事】

父母在不远游的聂政

战国时，侠客聂政非常孝顺自己的母亲。父亲去世后，他和母亲一起生活。由于聂政武术高强，而且有着一副侠义心肠，所以常有人请他帮忙解决一些棘手的问题，打抱不平。但是，聂政为了不让母亲担心，遇到一些非常危险的事常常是刻意回避。聂政这样做的目的是能有更多的时间在家中陪伴母亲。几年后，聂政的母亲去世了。在安葬了母亲以后，聂政才离开了家去帮助自己的朋友做事。聂政孝顺母亲的故事为后人所传颂。

【案例介绍】

小秦系某初中毕业生，初中时换了6所中学。进入了一所中等职业学校后，小秦继续沉迷于网吧，经常夜不归宿，在网吧中经常是一碗泡面或一包饼干打发一天；每次都是很困了才回宿舍休息。一次，小秦一天一夜没回学校，班主任很着急，联系其父母也未知其去向，就发动了班上的同学在周边的网吧挨个找，最终在某网吧发现了小秦，由于一天一夜未进食未休息，此时他已发高烧晕倒在电脑前，送入医院后经过老师和父母的反复教诲，小秦深知沉迷网络的危害，决心痛改前非，终于改掉了沉迷网络这一坏习惯。

【分析讨论】

结合《弟子规》相关知识的学习，谈谈你对小秦迷恋网吧和不正常作息的看法。

【思考题】

1. 想一想在校应该养成怎样的作息习惯？

2. 在家里，你的作息是否有规律？

3. 生活中你有没有养成进门和出门对父母打招呼的习惯呢？

【作业题】

1. 通过学习《弟子规》相关内容，我明白了______________________________。
2. 通过案例学习，我学会了_______________________________________。
3. 通过案例分析，我提高了_______________________________________。

【落实行动】

1. 进门向父母问好，出门和父母道别，养成良好的作息习惯。

2. 在校积极主动和老师同学打招呼。

3. 多与别人沟通与交流。

第四节　做一个品行端正的人

Shì	suī	xiǎo	wù	shàn	wéi	Gǒu	shàn	wéi	zǐ	dào	kuī
事	虽	小	勿	擅	为	苟	擅	为	子	道	亏
Wù	suī	xiǎo	wù	sī	cáng	Gǒu	sī	cáng	qīn	xīn	shāng
物	虽	小	勿	私	藏	苟	私	藏	亲	心	伤

【语句释文】

本意为：纵然是小事，也不要任性，擅自作主，而不向父母禀告。如果任性而为，容易出错，就有损为人子女的本分，因此而让父母担心，是不孝的行为。物品虽小，也不可以私自收藏占为己有。如果私藏，品德就有缺失，父母知道了一定很伤心。

我们可以理解为：做事情我们都应该向父母禀告，不能擅自做主，如果任性而为就容易出错，让父母担忧。对不属于自己的物品不能占为已有，否则会缺失品德而让父母伤心。

【经典故事】

陶母戒子

陶侃是东晋有名的贤臣，从小就勤奋好学，人品极好。陶侃长大后，担任了管理渔业的小官。这一年，他托人带回家一坛腌鱼孝敬母亲。没想到，母亲却把鱼原封不动地让人退回去，并且给他写了一封信。信中说："你是国家的官吏，怎么能用公家的东西孝敬母亲呢？虽然只是一坛腌鱼，但也是为政不廉啊！"陶侃深深记住了母亲的教导，从此他勤政为民，两袖清风，最终成为了晋朝著名的清官。

【案例介绍】

小武为一名某中职学校的学生，在校期间表现出自由散漫的习惯，时有旷课、抽烟、喝酒和夜不归宿的违纪行为，同时结交了不少社会上不良青年，成为某团体的一个小头目。由于没有正确的是非观念，法律意识非常淡薄，在实习期间偷窃汽车车牌 40 对，并且以每对 200 元的价格卖给失主，最后被公安机关依法逮捕，最终学校将其开除。在接受审问的时候小武甚至都不知道自己已经犯了盗窃罪，心存贪念和缺乏法律意识造就了小武现在的样子，给他的人生抹上了黑点，他悔不当初。

【分析讨论】

结合《弟子规》相关知识的学习，谈谈你对小武的看法。

【思考题】

1. 怎样才能做一名品行端正，让父母放心的孩子？

2. 在校期间应养成哪些良好的行为习惯？

3. 请看看自己在生活中有哪些不好的习惯，今后应怎样纠正不良习惯？

【作业题】

1. 通过学习《弟子规》相关内容，我明白了________________________。
2. 通过案例学习，我学会了________________________________。
3. 通过案例分析，我提高了________________________________。

【落实行动】

1. 养成良好的行为习惯，自觉遵守学校纪律。

2. 洁身自好，做一名品学兼优的学生。

3. 遇到事情要及时汇报，切勿自作主张。

第五节　做一个正直孝顺的人

Qīn	suǒ	hào	lì	wèi	jù	Qīn	suǒ	wù	jǐn	wèi	qù
亲	所	好	力	为	具	亲	所	恶	谨	为	去
Qīn	ài	wǒ	xiào	hé	nán	Qīn	Zēng	gwǒ	xiào	fāng	xián
亲	爱	我	孝	何	难	亲	憎	我	孝	方	贤

【语句释文】

本意为：父母所喜好的东西，应该尽力去准备，父母所厌恶的事物，要小心谨慎地去除（包含自己的坏习惯）。当父母亲喜爱我们的时候，孝顺是很容易的事；当父母不喜欢我们，或者管教过于严厉的时候，我们一样孝顺，而且还能够自己反省检点，体会父母的心意，努力改过并且做得更好，这种孝顺的行为是最难能可贵的。

我们可以理解为：父母喜欢的事情我们应该尽力去做，父母不喜欢的事情我们应该避免去做。无论父母喜欢自己与否，管教自己严厉与否，都要一如既往地孝顺父母，这才是真正的孝顺。同理，在学校要服从学校的安排，在工作岗位要服从单位的安排。

【经典故事】

陆绩怀橘

在我国东汉时，有一位年纪才六岁的小孩，名字叫陆绩。有一次，在九江遇见当时的太守袁术，袁太守认为他的相貌不凡，就拿出橘子请陆绩吃。陆绩就多拿两个藏在衣服里，等到要告辞回家的时候，橘子突然掉出来。袁太守以为是陆绩贪心，就问他原因。陆绩回答说：“橘子是给母亲吃，并非自己贪心，还请太守原谅！”袁太守觉得这孩子太难能可贵了，肯定这孩子将来一定会有出息。

【案例介绍】

小张为某中职学校一年级的女生，刚入校时表现良好，积极参加学校组织的各项文体活动。半年后，小张认识了社会上的不良少年邓某并与其确定恋爱关系，小张多次与邓某外出，流连于酒吧和 KTV 等娱乐场所，出现了抽烟、喝酒甚至夜不归宿的违纪行为，班主任和家长多次教育均无悔意，反而越演越烈。出于无知和好奇，小张竟然跟着邓某外出抢劫，而且还公然带着赃物到学校宿舍向其他同学炫耀，被学校当场抓获并将小张交给警方处理。

在少管所中，小张流下了悔恨的眼泪，后悔当初没听父母和老师的话，交了一些不好的朋友，使得老师和父母天天担心，不但养成了坏习惯，还最终触犯了法律，自食其果。

【分析讨论】

结合《弟子规》相关知识的学习，谈谈你对小张的看法。

【思考题】

1. 想一想为什么要做父母喜欢的事情而避免做父母不喜欢的事情呢？
2. 当父母对我们不好或不理解我们时，我们是否应该继续听从父母呢？
3. 在日常生活中应该亲近怎样的朋友呢？

【作业题】

1. 通过学习《弟子规》相关内容，我明白了____________________。
2. 通过案例学习，我学会了__________________________。
3. 通过案例分析，我提高了__________________________。

【落实行动】

1. 在家多做父母喜欢的事情，尽量避免做父母不喜欢的事情。

2. 听从老师的教诲。

3. 交友选择良师益友。

4. 培养服从安排，顾全大局的观念。

第六节　做一个重视自己身体和德行的人

Shēn	yǒu	shāng	yí	qīn	yōu	Dé	yǒu	shāng	yí	qīn	xiū
身	有	伤	贻	亲	忧	德	有	伤	贻	亲	羞

【语句释文】

本意为：要爱护自己的身体，不要使身体轻易受到伤害，让父母忧虑。要注重自己的品德修养，不可以做出伤风败德的事，使父母蒙受耻辱。

我们可以理解为：身体发肤受之父母，爱惜自己的身体是对父母最大的回报，同时我们要时刻注重自己的品德修养，不能让父母蒙羞。

【经典故事】

董卓专权

董卓是东汉末年的军阀，他带领军队来到国都，废掉了皇帝刘辨，另立刘协为傀儡皇帝，并从此独揽朝政。董卓专权期间，对朝廷中的大臣肆意杀戮，对天下的百姓任意欺凌。结果，他的暴行引起了人们的愤怒，朝臣王允等人联合起来利用美人计一举将他除掉。董卓的恶行使其家庭也受到了牵连，连年迈的父母也因此受到株连，当时他的母亲已经90岁了，也被依法处死。实在是可悲啊！

【案例介绍】

在某技校就读的朱某因为好玩，在他的同学林某准备坐下来的时侯，他马上把椅子拉开，结果林某重重坐在地上，脊椎受到严重的伤害，造成了终身瘫痪。林某要在床上熬过数十年的岁月，朱某因此受到了法律的惩罚。不只朱某和林某痛苦，他们的父母比他们更痛苦。看到自己的孩子养到十多岁，居然一个被害得终身残疾，一个受到牢狱之灾，双方的父母每时每刻都生活在痛苦的煎熬之中。不仅关心他们的父母会难过，所有疼惜他们的亲友也都非常伤心。

【分析讨论】

结合《弟子规》相关知识的学习，谈谈你对朱某行为的看法。

【思考题】

1. 想一想应该如何爱惜我们的身体？

2. 谈谈如何提高自身道德修养？

3. 在日常生活中应该如何避免意外的发生呢？

【作业题】

1. 通过学习《弟子规》相关内容，我明白了____________________。
2. 通过案例学习，我学会了____________________。
3. 通过案例分析，我提高了____________________。

【落实行动】

1. 多锻炼身体养成良好体魄。

2. 在校与同学不开过火玩笑。

3. 注意德行修养，不参与违纪违法的事情。

4. 学会宽容别人，共同构建和谐的环境，享受平安快乐的人生。

第七节　做一个劝导有方法的人

Qīn yǒu guò　jiàn shǐ gēng　Yí wú sè　róu wú shēng
亲有过　谏使更　怡吾色　柔吾声
Jiàn bú rù　yuè fù jiàn　Hào qì suí　tà wú yuàn
谏不入　悦复谏　号泣随　挞无怨

【语句释文】

本意为：父母有过错的时候，应小心劝导改过向善，劝导时态度要诚恳，声音必须柔和。如果父母不听规劝，要耐心等待，一有适当时机，例如父母情绪好转或是高兴的时候，再继续劝导；如果父母仍然不接受，甚至生气，此时我们虽难过得痛哭流涕，也要恳求父母改过，纵然遭到责打，也无怨无悔，以免陷父母于不义，使父母一错再错，铸成大错。

我们可以理解为：父母有过错的时候，要耐心地规劝，态度要诚恳，和颜悦色，声音轻柔；当父母不听规劝时，再选择适当的时候继续劝导；如果父母仍然不接受，必须无怨无悔地继续规劝父母，不能让父母陷于不义，酿成大错。在日常生活中我们规劝别人时要注意使用这样的态度和方式方法。

【经典故事】

苦心劝父

从前，有个叫孙元觉的少年，小时候就十分懂事，可他的父亲对祖父却非常不孝敬。有一天，父亲要把病弱的爷爷扔到深山里去。孙元觉哭着跪倒在父亲面前，恳求他不要这样做。可是父亲却哄骗他：“爷爷年老了，年老不死会变成妖怪的。”来到了山里，父亲把爷爷放下就要离开。这时，孙元觉对父亲说：“扔了爷爷把筐子拿回去吧。”父亲不明白他的意思，孙元觉说：“等到你老了，我好用它来装你，把你扔到山里来呀。”父亲一听，大吃一惊，最终改变主意，又把爷爷接回了家。

【案例介绍】

怡过和恩赐是一对农村家庭的姐弟，他们的妈妈有重男轻女的思想。妈妈一直认为女孩子只要能嫁一个好人家就行，不需要读很多书。转眼姐弟俩初中毕业了。弟弟恩赐根据自己的兴趣选择了某重点技工学校的汽车维修专业就读，妈妈对儿子的选择又是爱又是夸的，“儿子真聪明，只要你选择的妈妈都支持你。”此时姐姐过来小心翼翼地问道：“妈妈，我想去艺术学校读舞蹈专业，行吗？”“你个女孩子家能读完初中已经不错了，还去读什么艺术学校，丢人现眼！”妈妈的话，让气氛骤然变僵。向来懂事的弟弟恩赐见此情景，灵机一动，一本正经说道：“妈妈，我想问您个事，如果以后我找女朋友，不找那些有才能的有文化的女孩子了，回来在邻村找一个只有初中学历的女孩子就行了，妈妈是喜欢这样的女孩子做儿媳妇是吗？”妈妈看着儿子一副认真的样子以及在一旁偷笑的爸爸，妈妈不好意思地说：“好了我也不管了，你们想干嘛就干嘛啦。姐姐什么时候去报到呢，到时叫弟弟去帮忙扛行李。”听着妈妈的话，一家人都笑开了。

【分析讨论】

结合《弟子规》相关知识的学习，谈谈你对弟弟恩赐的看法。

【思考题】

1. 想一想当父母想法有偏激时，我们是否要据理力争?

2. 想一想规劝父母时，我们是不是要有足够的耐心和智力呢?

3. 从小到大，对于父母的疼爱你是否有过抵触的心理?

【作业题】

1. 通过学习《弟子规》相关内容，我明白了____________________。
2. 通过案例学习，我学会了____________________。
3. 通过案例分析，我提高了____________________。

【落实行动】

1. 多与父母沟通，对父母劝导时要注意态度。

2. 与同学交往要以尊重为前提，真诚对待。

3. 与人交往注意说话的方式方法。

第三章 出则悌

第一节 做一个重情重义的人

Xiōng	dào	yǒu	dì	dào	gōng	Xiōng	dì	mù	xiào	zài	zhōng
兄	道	友	弟	道	恭	兄	弟	睦	孝	在	中
Cái	wù	qīng	yuàn	hé	shēng	Yán	yǔ	rěn	fèn	zì	mǐn
财	物	轻	怨	何	生	言	语	忍	忿	自	泯

【语句释文】

本意为：当哥哥姐姐的要保护弟弟妹妹，做弟弟妹妹的要懂得尊重哥哥姐姐；兄弟之间和睦相处，没有矛盾，父母自然高兴，孝道就在其中了。与人相处不斤斤计较、贪图财物，怨恨就无处生起；言语上能够包容忍让，愤恨自然就消失了。

我们可以理解为：如果兄弟姐妹之间相互关心、帮忙，关系融洽，父母看了也欣慰，这也是孝顺的一种方式。不看重身外之物、不说伤和气的话，这样与人相处就不会产生矛盾了。

【经典故事】

灼艾分痛

《宋史·太祖纪》记载，北宋时期，宋太祖赵匡胤的弟弟太宗得了重病，十分痛苦。宋太祖去探望他并亲自为他灼艾蒿治病。太宗觉得很疼，叫了出来，于是宋太祖将热艾往自己身上灼烧，这样做可以分担弟弟的痛苦。太宗十分感动，此后尽心尽力辅助宋太祖。

【案例介绍】

彭帅和辛磊是同一街坊长大的好兄弟。彭帅的父母是生意人，豪爽桀骜的彭帅从小到大一直是一个懂得享受生活的人，吃喝玩乐样样精通。辛磊的父亲在他出世不久后就病逝了，母亲是环卫工人。辛磊作为彭帅的玩伴也享受了不少好处，在彭帅的影响下，辛磊在生活上的花销也变得大起来，慢慢地忘了母亲的含辛茹苦……在一个寒冷的晚上，辛磊的母亲倒在工作岗位——冰冷的大街上。面对高昂的医药费，辛磊找到了彭帅，希望朋友能帮他一把。谁知自己话刚出口，就被彭帅讽刺一番：“我和你什么都可以分享，但谈借钱就伤兄弟感情了，再说了，以往见你解决游戏中的困难都挺在行的嘛！”说完彭帅自顾哈哈大笑起来。辛磊见彭帅不帮忙也罢，反而嘲笑自己，心里憋屈的他转身就走。自此，娱乐场所、网吧少了一个意气风发的少年，教室、图书馆却多了一个埋头苦读的身影。辛磊变了，变得令其妈妈少操心了，懂得帮妈妈分担家务，重活、累活抢着做。两年后，辛磊如愿考上了理想的大学。"儿子，今天妈妈真的很幸福！尽管妈妈失去了一个亲人（你的爸爸），却又得到了两个好儿子（一个是你，一个是彭帅）。当年要不是彭帅让他妈妈借钱给我看病，妈妈也不会好得那么快。这事彭帅他们家一直不让我和你说，怕你读书分心。你不在家时，彭帅经常来看我，又向我打听你的情况。"听到妈妈这番话，辛磊凝视着眼前的大学通知书和学费，久久不语……

【分析讨论】

结合《弟子规》相关知识的学习，谈谈你对彭帅和辛磊的为人有什么看法。

【思考题】

1. 你是怎么定义好朋友的？
2. 你认为彭帅是真心把辛磊当成好朋友吗？
3. 如果你是辛磊，向好朋友彭帅借钱被拒绝后，怎么办？

【作业题】

1. 通过学习《弟子规》相关内容，我明白了____________________。
2. 通过案例学习，我学会了____________________。
3. 通过案例分析，我提高了____________________。

【落实行动】

1. 好朋友不是口头的承诺，而是行动的付出。
2. 做人要重情义，要学会感恩。
3. 遇到困难时要迎难而上，切忌自暴自弃。

第二节　做一个尊敬长辈的人

Huò	yǐn	shí	huò	zuò	zǒu	Zhǎng	zhě	xiān	yòu	zhě	hòu
或	饮	食	或	坐	走	长	者	先	幼	者	后

Zhǎng	hū	rén	jí	dài	jiào	Rén	bù	zài	jǐ	jí	dào
长	呼	人	即	代	叫	人	不	在	己	即	到
Chēng	zūn	zhǎng	wù	hū	míng	Duì	zūn	zhǎng	wù	xiàn	néng
称	尊	长	勿	呼	名	对	尊	长	勿	见	能
Lù	yù	zhǎng	jí	qū	lǐ	Zhǎng	wú	yán	tuì	gōng	lì
路	遇	长	疾	趋	礼	长	无	言	退	恭	立
Qí	xià	che	chéng	zhāo	shǒu	Guò	yóu	dài	mù	yuǎn	sòng
骑	下	车	乘	招	手	过	犹	待	目	远	送

【语句释文】

本意为：对待长辈应懂得礼让，不论是用餐还是坐立行走，都应该长幼有序，让年长者优先，年幼者在后。长辈有事呼唤人，应该代为传唤；如果那个人不在，应主动询问是什么事情？能帮则帮，不能帮忙则代为转告。称呼长辈，不能直呼姓名；在长辈面前，要谦虚有礼，不能夸耀自己的才能。路上遇到长辈时，要向前问好；长辈没有事时，即恭敬退后站立一旁，等待长辈离开。骑车时遇到长辈要下车问候；乘车时遇到长辈要向长辈招手致意；长辈走过时，要在原地目送长辈才能离开。

我们可以理解为：我们从小要养成尊敬长辈的好习惯，不管是吃东西还是走路，都要礼让长辈。长辈有需要的时候，要尽自己能力帮忙。称呼长辈要注意称谓，在长辈面前要谦虚。平时遇见长辈要主动上前问候，并目送长辈离开。

【经典故事】

张良提鞋，孺子可教

一天，张良在桥上散步，遇到一个穿褐色衣服的老人。老人的一只鞋掉在桥下，看到张良走来，便叫道：“孺子，把鞋给我拣上来！”张良看到对方年纪很老，便下桥把鞋子捡了起来。老人又对张良说：“给我穿上！”张良很不高兴，但转念想到鞋都拾起来了，又何必计较，便恭敬地替老人穿上鞋。老人笑了笑，拄起手杖就走了。张良惊奇这老人的无礼，看着他走了很远。老人回头一望，见张良还在目送他，忽又转回来，对张良说：“五天后天明来此桥相会。”

第五天早上，张良赶到桥上。老人已先到了，生气地说：“你和老人约会，应该早点来。五天后，早些来见我！”过了五天，张良起了个早，赶到桥上，不料老人又先到了，老人说：“你又比我晚到，过五天再来。”又过了五天，张良下决心这次一定比老人早到，于是他刚过半夜就来到桥上等候。天蒙蒙亮时，他看到老人一步一挪地走上桥来，赶忙上前搀扶。老人这才高兴地说；“小伙子，你这样才对！”并称赞他“孺子可教矣。”老人拿出一部《太公兵法》交给张良，说：“你要下苦功钻研这部书。钻研透了，以后可以做帝王的老师。”

张良得此书以后，苦读十年，后来辅佐刘邦成就汉室帝业。

【案例介绍】

小王是某中职学校的学生，爸爸是单位领导，而妈妈是一名下岗工人，为此小王有点看不起妈妈。平时小王在家从不主动和妈妈打招呼，甚至妈妈问他也不爱搭理。要是他想打断妈妈的话，发表一下自己的意见，就会直接对妈妈咆哮：“闭嘴，你又不懂，你听我说……”班主任知道此事后，经常找小王谈话，引导小王帮妈妈做家务，体验妈妈的艰辛，并教育小王要学会尊敬长辈，孝敬父母。让小王明白了“孝子之至，莫大乎尊亲”的道理，意识到自己以前不懂事，开始主动和妈妈聊天，对妈妈的态度也有了一百八十度的改变。小王的进步得到班主任和老师们的好评，毕业时当地多家企业争相录用。

【分析讨论】

结合《弟子规》相关知识的学习，谈谈你对小王同学的看法。

【思考题】

1. 遇见长辈你会主动问候吗?

2. 遇见同学或同事你会主动打招呼吗?

3. 在生活中，你应该怎么尊敬父母?

【作业题】

1. 通过学习《弟子规》相关内容，我明白了______________________。
2. 通过案例学习，我学会了______________________。
3. 通过案例分析，我提高了______________________。

【落实行动】

1．要学会主动关心父母。

2．要学会尊重他人。

3．在长辈、领导和亲朋好友面前，要学会谦虚。

第三节　做一个懂礼貌的人

Zhǎng	zhě	lì	yòu	wù	zuò	Zhǎng	zhě	zuò	mìng	nǎi	zuò
长	者	立	幼	勿	坐	长	者	坐	命	乃	坐
Zūn	zhǎng	qián	shēng	yào	dī	Dī	bù	wén	què	fēi	yí
尊	长	前	声	要	低	低	不	闻	却	非	宜
Jìn	bì	qū	tuì	bì	chí	Wèn	qǐ	duì	shì	wù	yí
进	必	趋	退	必	迟	问	起	对	视	勿	移
Shì	zhū	fù	rú	shì	fù	Shì	zhū	xiōng	rú	shì	xiōng
事	诸	父	如	事	父	事	诸	兄	如	事	兄

【语句释文】

本意为：当长辈站着时，晚辈不能自以为是地坐下来；长辈坐下后，招呼你坐下你才可以坐。与长辈交谈，声音要放低一些；但音量小得听不清楚，也是不合适的。见长辈时，要快步上前，告退时放慢脚步才合乎礼节；长辈问话时，要站起来回答，眼睛要看着长辈，不能东张西望。对待叔叔、伯伯等尊长，要如同对待自己父亲一般孝顺恭敬；对待兄长辈的亲友，也要如同对待自己兄长一样友爱尊敬。

我们可以理解为：我们要注意礼节，如果长辈站立着，我们不能先坐下，要等长辈坐下来后招呼我们才能坐下。回答长辈的话，要注视长辈，并注意音量、语速和语调。对待长辈要像对待自己父母一样恭敬，对待朋友要像对待自己亲兄弟般友爱。

【经典故事】

汉明帝敬师

汉明帝刘庄做太子时，博士桓荣是他的老师，后来他继位做了皇帝“犹尊桓荣以师礼”。他曾亲自到太常府去，让桓荣坐东面，设置几杖，像当年讲学一样，聆听老师的指教。他还将朝中百官和桓荣的学生数百人召到太常府，向桓荣行弟子礼。桓荣生病，明帝就派人专程慰问，甚至亲自登门看望，每次探望老师，明帝都是一进街口便下车步行前往，以表尊敬。进门后，经常拉着老师枯瘦的手，默默垂泪，良久乃去。当朝皇帝对桓荣如此，所以“诸侯、将军、大夫问疾者，不敢复乘车到门，皆拜床下”。桓荣去世时，明帝还换了衣服，亲自临丧送葬，并将其子女做了妥善安排。

【案例介绍】

小李是某中职学校的学生，在校期间表现不怎么好，平时经常借生病的理由找班主任请假外出到网吧玩游戏。一天上午，小李到班主任办公室来请假，不仅穿着拖鞋，还大摇大摆直接走进办公室。这次他又以感冒为理由来请假，班主任看他生龙活虎，不像生病的样子，但又不想直接揭穿他，于是就说：“小李，我知道你生病难受，但临近期末，要抓紧时间复习了，你肯定能坚持上课，是吗？”可小李马上不耐烦地说：“你说批不批假就行了，说那么多废话干嘛。”班主任听后不但没有生气，还心平气和地教导小李要注意仪容仪表和文明用语，让他明白“不学礼，无以立”的道理。小李慢慢地开始注意他的穿着和礼貌用语，也戒掉了网瘾的坏习惯。

【分析讨论】

结合《弟子规》相关知识的学习，谈谈你对小李同学的看法。

【思考题】

1. 作为一名学生，你是否和老师顶过嘴，吵过架？

2. 对老师的教诲，你是如何做的？

3. 你平时注意仪容仪表和文明礼貌吗？

【作业题】

1. 通过学习《弟子规》相关内容，我明白了____________________。
2. 通过案例学习，我学会了__________________________。
3. 通过案例分析，我提高了__________________________。

【落实行动】

1. 在家要认真听从父母教诲。

2. 在校虚心接受老师的教导。

3. 要注意文明礼仪和礼貌用语。

第四章 瑾

第一节 做一个懂得珍惜时间的人

Zhāo	qǐ	zǎo	yè	mián	chí	Lǎo	yì	zhì	xī	cǐ	shí
朝	起	早	夜	眠	迟	老	易	至	惜	此	时
Chén	bì	guàn	jiān	shù	kǒu	Biàn	niào	huí	zhé	jìng	shǒu
晨	必	盥	兼	漱	口	便	溺	回	辄	净	手

【语句释文】

本意为：清晨尽量起早，晚上要晚点睡觉；因为人生的岁月很有限，光阴容易消逝，少年人一转眼就是老年人了，所以我们要珍惜青春。早晨起床必须洗脸、刷牙、漱口，解完大小便以后把手洗干净，养成良好的卫生习惯。

我们可以理解为：每个人应该早起晚睡，因为人的生命是有限的，我们应该抓紧时间进行工作和学习，而不要虚度时光。并且在生活中应养成早上起床后洗脸、漱口，便后洗手的良好习惯。

【经典故事】

温公警枕

司马光是宋朝著名的政治家和文学家，后来人们又称他司马温公。温公小时候聪明过人，被誉为神童，但他并不骄傲，学习十分勤奋。为了每天能早起读书，他让人用圆木做了一个枕头。用这个枕头睡觉，很不舒服，头只要一转动就会滑下来，这样司马光就会惊醒，起来读书。后来，这个枕头被称为“警枕”。司马光如此勤奋好学，从而使得他学识渊博，事业上取得了很大的成就。“温公警枕”的故事也成了后人学习的榜样。

【案例介绍】

学生黄某在一所中职学校就读，第一学年他的学习成绩在班上一直是第一名，经常得到学校和家长的褒奖。令人意想不到的是，第二学年开学后他似乎从头到脚换了一个人，网络游戏侵蚀了他原来那颗勤奋好学的心。白天同学们上课时他在睡觉，晚上同学们休息了他却偷跑出去上网，平时连刷牙洗脸的时间都少了，同学们见到他都是一脸憔悴的表情，对班主任的教育他也置之不理。他的学习成绩一落千丈，在期末考试时，他孤注一掷，采取作弊的方式，结果被发现，检讨、处分接踵而来。经过多方的教育和帮助后，黄某决定痛改前非，重拾自己原本可以灿烂的青春，并以优异的成绩完成了自己的学业。

【分析讨论】

结合《弟子规》相关知识的学习，谈谈你对黄同学的看法。

【思考题】

1. 在平时的生活和学习中，你大多数的时间都用在了什么地方？

2. 面对学校和父母的期盼，你是以一种积极的还是消极的心态来面对学习？

3. 自己的青春，自己的时间，你是如何进行规划的？

【作业题】

1. 通过学习《弟子规》相关内容，我明白了______________________________。
2. 通过案例学习，我学会了__________________________________。
3. 通过案例分析，我提高了__________________________________。

【落实行动】

1. 生活方面养成良好的卫生习惯。

2. 学习方面珍惜学习、上课的时间。

3. 工作方面做个勤奋工作的人。

第二节　做一个衣着得体的人

Guān	bì	zhèng	niǔ	bì	jié	Wà	yǔ	lǚ	jù	jǐn	qiè
冠	必	正	纽	必	结	袜	与	履	俱	紧	切
Zhì	guān	fú	yǒu	dìng	wèi	Wù	luàn	dùn	zhì	wū	huì
置	冠	服	有	定	位	勿	乱	顿	致	污	秽

【语句释文】

本意为：出门帽子要戴端正，穿衣服要把纽扣扣好；袜子穿平整，鞋带要系紧，要注意服装仪容仪表的整齐清洁。脱下来的帽子和衣服应当放置在固定的位置，不要随手乱丢乱放避免造成脏乱。

我们可以理解为：在现代生活中，我们要注意着装要求，职业装必须扣好所有纽扣，西装必须配深色皮鞋，着深色袜子，鞋子要擦干净，系好鞋带。脱下的衣服要挂好，不要随处乱丢，以免把衣服弄得皱皱巴巴，不成样子。

【经典故事】

九龄整洁

张九龄是唐朝著名的诗人，也是一位优秀的政治家。张九龄容貌清秀，平时总是衣帽整洁。走在路上，总显得风度潇洒，与众不同，总能赢得路人的目光。并且每当朝廷重要的朝会时，在众人中间，他也是很显眼的，连皇帝对他的举止都赞赏不已，凡是张九龄在，那里的气氛就会格外愉快，大家都乐意同他这位衣帽整洁而且又有风度的人在一起说笑、玩乐和探讨学问。张九龄的注重仪表给他带来了好人缘。

【案例介绍】

在南宁市古城路某服装店，一记者遇到两位年轻的女性在挑选衣服。两人试穿了一个上午，也没挑到一套合适的衣服。不是不庄重，就是不高档。导购员问她们要买什么样的衣服，她们回答说要出席一些比较特殊的场合，问出席什么场合，她们不愿意回答。记者旁听，原来是为参加某日的面试做准备。她们说，她们是刚毕业的学生，其中一位女生之前面试过一家大公司，由于衣着不得体，而且时处冬天，自己脱下来的外套、手套随处乱放，还未真正开始面试就被淘汰掉了，想想这与她们之前在学校的生活和行为习惯有关。要知道一些工作单位可是很注重衣着举止是否得体的，一些细节可能就会使你与一些好机会好工作失之交臂。

【分析讨论】

结合《弟子规》相关知识的学习，谈谈你对这个案例的看法。

【思考题】

1. 你是否有过衣冠不整或坦胸露背的外出？

2. 生活中你的卧室是你自己整理的还是你父母帮你整理的？

3. 学校对仪容仪表以及宿舍的要求，你是否能做到？

【作业题】

1. 通过学习《弟子规》相关内容，我明白了________。
2. 通过案例学习，我学会了________。
3. 通过案例分析，我提高了________。

【落实行动】

1. 保持卧室和衣物的清洁。

2. 保持宿舍的整洁。

3. 外出衣着要得体。

第三节　做一个节俭朴素的人

Yī	guì	jié	bú	guì	huá	Shàng	xún	fèn	xià	chèn	jiā
衣	贵	洁	不	贵	华	上	循	分	下	称	家
Duì	yǐn	shí	wù	jiǎn	zé	Shí	shì	kě	wù	guò	zé
对	饮	食	勿	拣	择	食	适	可	勿	过	则

【语句释文】

本意为：穿衣服注重的是整齐清洁，不在于衣服的昂贵华丽，而且要考量自己的能力和场合，也要配合家庭的经济状况。对于食物不要挑剔偏食，而且要吃适当的份量，切勿吃过量，注意饮食均衡，不要增加身体的负担。

我们可以理解为：现代生活中，穿衣服主要讲究干净，而不全是讲究名牌。常言道：吃饭穿衣量家当，就是说每个人应该根据自己的经济条件来购买合适的服装。对于饮食也不应该偏食，均衡食用五谷杂粮和蔬菜，才不会出现营养失衡。在饮食中要做到不暴食暴饮，基本上达到七八成就行了，科学验证，这样最有利于人的健康长寿。

【经典故事】

戚继光的故事

明朝的戚继光，出生在六代将门之家。他出生时，正赶上旭日初升，光芒四射，他的父亲戚景通满含着期望，给儿子取名继光，希望他将来能有所作为。

戚继光从小受到严格的家庭教育，每天除了认真读书以外，还要练习武功，尤其是在生活上不准追求奢侈。

一次过年，姥姥疼外孙，送来一双丝鞋。戚继光刚穿上，就被父亲发现了。戚景通命他脱下丝鞋，还教育他："小小年纪穿这种鞋，将来当官就要克扣军饷，贪污腐化的!"

后来，戚继光 16 岁就担任了军职。他热爱国家，痛恨侵略者，成为一名扫平倭寇、为国立功的伟大的民族英雄。

【案例介绍】

某职校生小苏的好朋友阿辉新学期购买了一台新款手机和几套名牌外套。追逐新潮的小苏非常羡慕，时常借阿辉的新外套来穿着。再好毕竟不是自己的，小苏的心理渐渐开始失衡。一日，小苏与朋友小强一同吃饭时谈起此事，两人一拍即合，动起偷盗念头。计划迅速付诸实施。当晚，小苏获悉阿辉在打球，东西都放在宿舍，随即趁没人便开始动手。得手后，小苏和小强把手机和值钱物品放置到某处，现金则两人平分。阿辉发现东西丢失后立即上报学校并报警，经过仔细盘查，小苏承认了事情的经过，流着悔恨的泪水被带上了警车，此后两人均被学校开除学籍。"一粥一饭来之不易"，作为学生要量力而行，要把更多的精力放在学习上，掌握一身过硬的本领，为今后的人生道路扎扎实实打下基础才是硬道理。像小苏这样的行为，不仅没有捞到任何好处，反而害了自己。

【分析讨论】

结合《弟子规》相关知识的学习，谈谈你对这个案例的看法。

【思考题】

1. 想一想你是否带有攀比心理，经常会用生活费去追求时髦时尚?

2. 生活中你对父母有没有提出苛刻的要求?

3. 对父母的养育之恩，你是如何回报的?

【作业题】

1. 通过学习《弟子规》相关内容，我明白了________________________。
2. 通过案例学习，我学会了____________________________________。

3. 通过案例分析，我提高了______________________________________。

【落实行动】

1. 不在衣食上对父母提出苛刻要求。

2. 不铺张浪费，大手大脚。

3. 根据经济状况要养成艰苦朴素，勤俭节约的习惯。

第四节 做一个懂得拒绝不良行为的人

Nián	fāng	shào	wù	yǐn	jiǔ	Yǐn	jiǔ	zuì	zuì	wéi	chǒu
年	方	少	勿	饮	酒	饮	酒	醉	最	为	丑
Dòu	nào	chǎng	jué	wù	jìn	Xié	pì	shì	jué	wù	wèn
斗	闹	场	绝	勿	近	邪	僻	事	绝	勿	问

【语句释文】

本意为：年青人不可饮酒，一旦喝醉酒，就会丑态百出。容易发生争吵打斗的场所，我们不要靠近逗留；对于邪恶、怪僻和荒唐的事情，不必好奇地去追问，要勇于拒绝，不要接近。

我们可以理解为：年青人不要过量饮酒，一旦喝酒过量而醉酒，不但伤害了身体，而且容易冲动，难以控制自己的情绪，很多年青人往往是因为酒后冲动酿成大错而后悔终身。日常生活中，要远离打架闹事等声色场所，这些场所潜在危机太多，容易使自己身心受到伤害；对于邪恶、怪僻和荒唐的事情，不必好奇地去追问，要勇于拒绝，不要接近。但是，这里我们要辩证地看问题，当遇到违法犯罪或伤及他人生命的邪恶事件时，我们每个人都应挺身而出，对受害者予以声援。

【经典故事】

管宁割席

管宁是三国时期的人，他从小做事认真专注，从不分心。有一次，管宁和朋友华歆坐一张席子上读书。这时门外的大街上人声嘈杂，原来是一个有名的大官经过这里。管宁不以为然，仍专心致志地阅读，可是华歆坐不住了，心想：出去看看也许可以交一个朋友。于是他放下书本看热闹去了。管宁对这种三心二意不认真读书的态度很生气，于是拿出刀子，割断了坐在身下的席子，表示自己决不和华歆一样，要和这种人绝交。

【案例介绍】

某艺术学校一名 18 岁的女生，以跳孔雀舞在学校和表演团队小有名气。一次演出结束后，一朋友约她到酒吧庆功，在包厢里很多都是她不认识的社会青年，因为有朋友在场，而且当晚演出成功也令她满心欢喜，便与大家豪饮起来。随后与这些社会青年越走越近，多次出入酒吧、KTV，这些所谓的朋友经常会带来一些“好东西”。她第一次吸食是因为胃疼，听说吸了马上就不疼，第二次还想找点感觉，第三次就什么都不想了。后果可想而知，之后的日子，吃饭、穿衣都成了额外的负担，更何况起早练功、晚上演出了。直到有一天她在排练厅犯了毒瘾，人们才得出这样的结论：海洛因扼杀了孔雀，毒品埋葬了她的艺术青春。

【分析讨论】

结合《弟子规》相关知识的学习，谈谈你对这名女生的看法。

【思考题】

1. 面对社会上形形色色因为醉酒闹事的新闻，你有何想法？

2. 生活中，一些明知道是不良的人或场所，你是否拒绝过？

3. 对老师和父母的期望，你是如何做的？

【作业题】

1. 通过学习《弟子规》相关内容，我明白了____________________________。
2. 通过案例学习，我学会了_________________________________。
3. 通过案例分析，我提高了_________________________________。

【落实行动】

1. 不酗酒、不打架闹事。

2. 不接触声色场所、不交不正当的朋友。

3. 学会辨别是非。

第五节　做一个有君子风范的人

Bù cōng róng　lì duān zhèng　Yī shēn yuán　bài gōng jìng
步从容　立端正　揖深圆　拜恭敬

Wù	jiàn	yù	wù	bǒ	yǐ	Wù	jī	jù	wù	yáo	bì
勿	践	阈	勿	跛	倚	勿	箕	踞	勿	摇	髀
Huǎn	jiē	lián	wù	yǒu	shēng	Kuān	zhuǎn	wān	wù	chù	léng
缓	揭	帘	勿	有	声	宽	转	弯	勿	触	棱
Zhí	xū	qì	rú	zhí	yíng	Rù	xū	shì	rú	yǒu	rén
执	虚	器	如	执	盈	入	虚	室	如	有	人

【语句释文】

本意为：走路时步伐应当从容稳重，不慌不忙，不急不缓；站立时要端庄直立，抬头挺胸；问候他人时，不论鞠躬或拱手都要真诚恭敬，不能敷衍了事。进门时脚不要踩在门槛上，站立时身体也不要站得歪歪斜斜，坐的时候不可以伸出两腿，腿更不可以抖动，这些都是很轻浮、傲慢的举动，有失君子风范。进入房间时，不论揭帘子、开门的动作都要轻一点、慢一些，避免发出声响；在室内行走或转弯时，应小心不要撞到物品的棱角，以免受伤。拿东西时要注意，即使是拿着空的器具，也要像里面装满东西一样，小心谨慎以防跌倒或打破；进入无人的房间，也要像有人在一样，不可以随便。

我们可以理解为：平常走路时要不急不慢、从容大方，以免碰到他人造成矛盾；站立时要端正直立；问候他人时，要恭恭敬敬，特别是长辈和父母，不要随随便便。生活当中走路或进门都要注意门槛和台阶；坐的时候要坐正，叉开腿和摇晃都显得很没有教养。进入无人的房间，也要像有人在一样，不可以随便进出。在房间里，不论揭帘子、开窗、开门或行走都要轻一点、慢一些，以免影响他人或发生意外。拿东西时也要谨慎慢行，以免跌倒或打烂。

【经典故事】

卢绚风度

唐玄宗在勤政楼设宴，宴会结束后，兵部侍郎卢绚以为皇帝已经回宫，便平稳地骑马走在楼下。卢绚容貌清秀、温文尔雅。走在路上，总是风度翩翩，仪表俊逸，与众不同。仍然在楼上垂帘观看的皇帝被他的风度吸引了，忙问左右近臣："这人是谁？"近臣便把卢绚的姓名告诉了皇帝。皇帝连连称赞他含蓄宽容、风度不凡。

【案例介绍】

黄某和陆某是同乡也是要好的伙伴，两人初中毕业后都选择进入一所化工学校学习。陆某性格大大咧咧，说话做事都很不注意，在学校时还有个不好的习惯，进宿舍时，他不用手去推开而喜欢用脚去把门踢开，舍友对如此性格的陆某很是不喜，作为朋友，黄某也曾多次提醒，但陆某始终置之不理。一日，陆某打完篮球正要回宿舍洗澡，到宿舍后眼见门没关，是半掩着的，他还像往常一样用脚使劲一踹，可怕的事情发生了，正巧黄某在门后打扫卫生，被飞来的门撞到眼角和手臂，鲜血直流，直接被送往医院紧急处理，医生感叹还好没撞到眼睛。经过这个事件，陆某不仅要负责黄某的医疗费，两人的关系也渐渐淡化了。因为自己的坏习惯，付出了惨痛的代价，值得吗？

【分析讨论】

结合《弟子规》相关知识的学习，谈谈你对该案例的看法。

【思考题】

1. 你懂得多少公共礼仪知识？

2. 做错事的时候，你是否有真诚的道歉？

3. 问候他人或父母时，你是怎么做的？

【作业题】

1. 通过学习《弟子规》相关内容，我明白了________________。
2. 通过案例学习，我学会了________________________。
3. 通过案例分析，我提高了________________________。

【落实行动】

1. 在家动作要注意急缓。

2. 上课要坐姿端正。

3. 与人交谈要有正确的仪容仪态。

第六节 做一个入门有礼的人

Jiāng rù mén　wèn shú cún　Jiāng shàng táng　shēng bì yáng
将 入 门 　问 孰 存 　将 上 堂 　声 必 扬
Rén wèn shuí　duì yǐ míng　Wú yǔ wǒ　bù fēn míng
人 问 谁 　对 以 名 　吾 与 我 　不 分 明

【语句释文】

本意为：将要入门之前，应先问：“有人在吗？”不要冒冒失失就跑进去。进入客厅之前，应先提高声音，让屋内的人知道有人来了。假使有人问：“是谁？”应该回答名字，而不是：“我，我！”让人无法分辨“我”是谁？

我们可以理解为：平时我们进入他人房间时，不管里面有没有人，要先敲门或打招呼，得到允许方可进入，比如在学校进入老师的办公室，在单位进入领导的办公室；进入房内后不要大声喧哗，不要太冒然，否则显得很没礼貌。

【经典故事】

程门立雪

杨时是宋朝著名的学者，读书时，经常向别人请教问题。程颐、程颢是当时很有名望的大学者，杨时十分敬仰他们的学问，就到洛阳去拜访。一天，杨时读书碰到了疑难问题，便冒着大雪去老师家求教。当他来到老师家时，老师正在睡梦中。为了不影响老师休息，他就站在门前等候。老师醒来时，杨时脚下的雪已经积了一尺厚了。老师非常感动，忙把杨时迎进了屋。

【案例介绍】

甘某刚从一所中职学校毕业，通过应聘她进入了市里某个贸易公司实习，喜出望外的她立志要成为一名优秀的销售部经理。然而，19 岁的她，由于没有工作经验，到一镇上推销洗发水等化妆品时，没有叫门就直接入室。正在坐椅上打盹的房主吴某，一睁眼就发现一个陌生的女子出现在自己家里，不由分说，就将甘某误当成贼揪住不放。甘某百般解释仍无法脱身，无奈之下只得报警求助。民警查实了“女贼”甘某的身份后，向吴某说明了情况，甘某才得以离开。进门前一定要先打招呼，千万不要冒冒失失就跑进去，这个道理，成为了她在职场上永远不能忘却的经历。

【分析讨论】

结合《弟子规》相关知识的学习，谈谈你对该“女贼”的看法。

【思考题】

1．到陌生的场所你是否有冒然闯进的习惯？

2. 想一想，平时进出家门是否跟父母打招呼？

3. 想一想，平时进入办公室是否向老师报告？

【作业题】

1. 通过学习《弟子规》相关内容，我明白了______________________________。
2. 通过案例学习，我学会了___________________________________。
3. 通过案例分析，我提高了___________________________________。

【落实行动】

1. 在家进出家门要跟父母打招呼。

2. 在校进出办公室要跟老师打招呼。

3. 在外进出各个场所要跟屋主打招呼。

4. 在单位进出工作间要跟领导打招呼。

第七节　做一个有条有理的人

Shì wù máng máng duō cuò　Wù wèi nán　wù qīng lüè
事勿忙　忙多错　勿畏难　勿轻略

【语句释文】

本意为：做事不要急急忙忙慌慌张张，因为忙中容易出错，遇到该办的事情不要怕困难，不要畏苦怕难而犹豫退缩，也不可以轻率随便而敷衍了事。

我们可以理解为：平时工作时要从容稳重，不慌不忙，否则容易出错，学习和工作当中遇到困难要迎难而上，要学会坚强，也不要轻率，头脑要清晰。

【经典故事】

欲速不达

清朝年间，一位农夫挑着一担橘子进城赶集。太阳已经偏西，农夫必须在城门关闭之前赶到，否则便会白忙活一场。农夫焦急地一路往前赶，正巧前面来了一位当地人。农夫立刻停住脚步，气喘吁吁地问道：“大哥，我是否能在太阳落山之前赶到城里？”这位过路人说：“你慢慢地走还来得及。”农夫继续飞奔赶路。他越走越快，结果一不小心摔了一跤，橘子撒了一地。农夫只好停下脚步，一个一个地捡了起来。这时，天色已晚，当农夫到达城门时，城门早就关闭了。这真是应了那句古话：“欲速则不达”。

【案例介绍】

马同学就读于某技术学校学习汽修专业，从小身边的朋友就给他取了个外号叫“小马虎”。新学期开学的第三天，实践老师让每人完成一项检修任务，还说做好了要在班上评一评谁做得最好，完成得好的可以有奖励。同学们听了，都兴致勃勃地动起手来。马同学不会做，可是又不得不做，因为老师说不完成的人就会有惩罚。于是他盯着书上的步骤直发愁。渐渐地，有些同学已经完成了，个别同学还在得意洋洋地夸耀自己的杰作。马同学当时本想让别人帮忙，却又怕别人笑话，便下定决心自己照着书上动手。他把每一个步骤都仔仔细细地看了又看，错了就拆了重来，这样反反复复，终于，经过他的细心观察和耐心操作，圆满地完成了作业任务。下课前，老师评选了最优秀的一个，他一看，惊呆了，老师居然选中了他，马同学高兴极了，心里比吃了糖还要甜。他顿时领悟了“勿畏难，勿轻略”这句话，真是寓意深刻啊。

【分析讨论】

结合《弟子规》相关知识的学习，谈谈你对“小马虎”的看法。

【思考题】

1. 到现在为止，有没有因为手忙脚乱而犯过错误呢？

2. 想一想，你有多少事情是因为害怕困难而退缩不去完成的？

3. 想一想，你有多少事情是因为不害怕困难而最终取得成功的？

【作业题】

1. 通过学习《弟子规》相关内容，我明白了______________________________。
2. 通过案例学习，我学会了______________________________。
3. 通过案例分析，我提高了______________________________。

【落实行动】

1. 学会做事冷静。

2. 要勇于面对困难。

3. 学习、生活和工作要养成有条有理的习惯。

第八节　做一个好借好还的人

Yòng rén wù xū míng qiú Tǎng bù wèn jí wéi tōu
用人物　须明求　倘不问　即为偷
Jiè rén wù jí shí huán Rén jiè wù yuǒ wù qiān
借人物　及时还　人借物　有勿悭

【语句释文】

本意为：我们要使用别人的物品或借用别人的物品，一定要事先讲明，请求允许；如果没有得到允许就擅自取用，那就相当于偷窃的行为。借来的物品，要爱惜使用，并准时归还；以后若有急用，再借就不难。

我们可以理解为：在平时的生活当中，借用或使用别人的物品要客气，要得到别人的允许，要懂得未经允许擅自使用是不礼貌的行为，严重时可以被视为偷窃，用时要爱惜，用后要及时还，以免造成不必要的矛盾。别人向你借东西时，如果自己有，不可以吝啬不借。

【经典故事】

宋濂还书

明朝有一个叫宋濂的人，他很爱读书，但家里太穷，根本买不起书，他常常只有借书读。但是许多富有的人家虽然藏书很多，却不愿意借给他。有一次，宋濂又到一家富户借书看，这家人不愿意借给他，所以借的时候讲明十天之内要还回来，可十天根本就读不完那本书。到了第十天早晨了，天下着大雪，那家人以为宋濂不会来还书了，可是宋濂却冒着雪把书送了回来。主人很感动，他告诉宋濂，以后可以随时来看书，不再给他限定借书时间。

【案例介绍】

19 岁的张某从一烹饪技术学校毕业后，在某星级酒店实习。实习 2 个月后，很快对自己的工作得心应手，主管也对他赞赏有加，因而很快被提升为助理。一日，他突然发现，很多厨房剩余的材料都没被使用，他便自作主张把这些材料拿回出租屋，想给自己的舍友尝尝鲜。长此以往，酒店工作人员发现经常会丢失很多原材料，一经查实是张某所为，最后以盗窃酒店财物被开除。开始张某还自觉很无辜，后来才醒悟过来，行有行规啊！不问就拿，视为贼也！

【分析讨论】

结合《弟子规》相关知识的学习，谈谈你对这个案例的看法。

【思考题】

1. 在平时的生活中，你有没有借人物借人钱的经历？是否做到有借有还？

2. 朋友同学借用你的钱财物品，不能很快归还时，你作何感想？

3. 在家里，有没有做过不经过父母同意，不问即拿的情况？

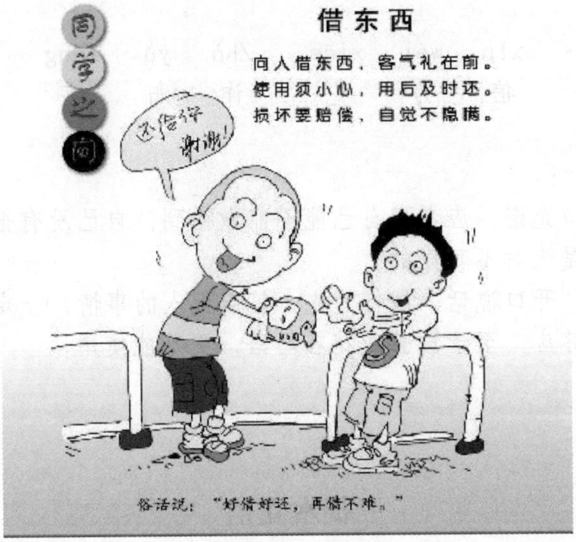

【作业题】

1. 通过学习《弟子规》相关内容，我明白了＿＿＿＿＿＿＿＿＿＿＿＿＿＿＿＿＿。
2. 通过案例学习，我学会了＿＿＿＿＿＿＿＿＿＿＿＿＿＿＿＿＿＿＿＿＿＿＿。
3. 通过案例分析，我提高了＿＿＿＿＿＿＿＿＿＿＿＿＿＿＿＿＿＿＿＿＿＿＿。

【落实行动】

1. 不擅自拿他人钱物。

2. 爱惜借用的物品并及时归还。

3. 做人要讲信用。

第五章 信

第一节　做一个讲诚信的人

Fán	chū	yán	xìn	wéi	xiān	Zhà	yǔ	wàng	xī	kě	yān
凡	出	言	信	为	先	诈	与	妄	奚	可	焉

【语句释文】

本意为：凡是开口允诺，应考虑自己能不能做得到，自己没有把握做到就不必讲，不能欺骗蒙混，失信也是绝对不可以的。

我们可以理解为：开口说话，诚信为先，答应他人的事情，一定要遵守承诺，没有能力做到的事不能随便答应，至于欺骗或花言巧语，更不能使用！

【经典故事】

徙木立信

商鞅到秦国当宰相的时候，为了建立起法律的威信，就在南门摆了一根木头，并下令能将木头移到北门的人就可以得到十两黄金，但是老百姓一直不相信政府，虽然是很简单的事却没有人愿意尝试。后来他把奖金提高到五十两黄金，有一位年轻人决定试试看，后来果然得到了奖金，之后大家就知道这位新宰相是一位说到做到的人，所以便非常守法。秦国也因此变得很强大。

【案例介绍】

百事可乐的总裁卡尔威勒欧普到科罗拉多大学演讲的时候，有一个名叫杰夫的商人通过演讲会的主办人约卡尔见面谈一谈。卡尔答应了，但只能在演讲后，而且只有 15 分钟的时间。

杰夫就在大学礼堂的外面坐等。

卡尔兴致勃勃地为大学生们演讲，讲他的创业史，讲商业成功必须遵守的原则，不知不觉中时间已超过了与杰夫约定的见面时间，显然他已忘记了与别人的约定。正当卡尔继续兴致勃勃地演讲时，他发现一个人从礼堂外推门，径直朝讲台上走来。那人一直走到他的前面，一言不发放下一张名片转身离去。卡尔拿起名片一看，背后写着：“您和杰夫荷伊在下午两点半有约在先。”

卡尔猛然省悟。一边是需要他说服并且灌输百事可乐思想的大学生们，他们是他企业发展的目标甚至是动力，而另一边只是一个名不经传向他请教的商人。卡尔没有犹豫，他对大学生说："谢谢大家来听我的讲演，本来我还想和大家继续探讨一些问题的，但我有一个约会，而且现在已经迟到了。迟到已经是对别人的不礼貌，我不能失约，所以请大家原谅，并祝大家好运。"

在雷鸣般的掌声中，卡尔快步走出礼堂，他在外面找到了正在等他的杰夫，向他致了歉意后，便又滔滔不绝地告诉了杰夫他所想要知道的一切。结果，原来定好的 15 分钟时间他们一直交谈了 30 分钟，后来，杰夫成了一名成功的商人，他把这段经历告诉了他的朋友。大多朋友们都对百事可乐产生了信任并决定经销和宣传百事可乐。

【分析讨论】

结合《弟子规》相关知识的学习，谈谈你对百事可乐的总裁及杰夫的看法。

【思考题】

1. 想一想人与人之间应该怎样相处？要注意哪些方面呢？
2. 当朋友不讲诚信，给自己带来不快和伤害时，你的感受是怎样的呢？
3. 生活中你能否言出必行，答应他人的事，能否做到？

【作业题】

1. 通过学习《弟子规》相关内容，我明白了________________。
2. 通过案例学习，我学会了________________。
3. 通过案例分析，我提高了________________。

【落实行动】

1. 真诚对待身边的每一个人，做到知行合一，言必行，行必果。
2. 做人都要讲诚信，不能欺骗，"己所不欲，勿施于人"。
3. 诚信无小事，从现在开始，从身边小事做起，从自我做起，诚信待人。

第二节 做一个使用文明用语的人

Huà shuō duō bù rú shǎo Wéi qí shì wùn nìng qiǎo
话 说 多 不 如 少 惟 其 是 勿 佞 巧

Jān	qiǎo	yǔ	huì	wū	cí	Shì	jǐng	qì	qiè	jiè	zhī
奸	巧	语	秽	污	词	市	井	气	切	戒	之

【语句释文】

本意为：话说多不如说得少，言多必失。要实事求是，不可以花言巧语。尖酸刻薄的言语，下流粗俗的话是街头无赖粗俗的习气，要切实戒除掉。

我们可以理解为：话多不如话少，话少不如话好。说话要恰到好处，该说的就说，不该说的绝对不说，立身处世应该谨言慎行，谈话内容要实事求是，不要花言巧语，好听却靠不住。奸诈取巧的语言，下流肮脏的话，以及街头无赖粗俗的口气，都要避免不去沾染。

【经典故事】

服子访友

战国时期的服子，在言谈举止方面特别讲究礼貌。有一天他去拜访一位朋友。那家人非常客气，邀请了许多朋友陪他一起游玩。有一位客人想趁机向服子请教问题。服子直率地说："你有几个不足之处。"客人一愣，说："你讲。"服子说："第一，你有一种轻浮的表现；第二，交谈中你不称我为老师，是不够尊敬我；第三，我们初次见面，交情很浅，而你谈得很深，太随便了。"几句话说得那位客人佩服得五体投地。

【案例介绍】

唐某是中等职业学校学生，该生在校期间表现一般，特别喜欢热闹，哪里人多就往哪里去，这本来没什么，可是他有一个坏习惯，他看到什么不如意的事就会愤愤不平，批评这个，批评那个，话特别多。一次，唐某听了张同学的言语后，很气愤地回到宿舍，随便取个绰号来取笑。后来，这件事传到张同学那里，两人发生口角，相互谩骂、挖隐私，最后相互厮打。经同学拉开后，上报了班主任，班主任了解清楚事情经过后，针对这一事件，在班会课上对两位学生的行为进行了批评教育，并要求他们做深刻检讨。事后，班主任结合《弟子规》内容多次找两位同学谈话教育，两位同学明白了言多必失的道理，改正了自己的不良习惯。

【分析讨论】

结合《弟子规》相关知识的学习，谈谈你对这两位同学的看法。

【思考题】

1. 不说真话，不注意文明用语可能会产生什么样的不良后果？

2. 你认为如何提高说话艺术？

3. 面对经常说“奸巧语”、“秽污词”的人，你是如何做的？

【作业题】

1. 通过学习《弟子规》相关内容，我明白了________________________________。
2. 通过案例学习，我学会了________________________________。
3. 通过案例分析，我提高了________________________________。

【落实行动】

1. 养成三思而后行的习惯。

2. 不说脏话，做到文明用语。

3. 与人言谈尽量大雅，注意个人的气质修养。

第三节　做一个慎言重诺的人

Jiàn	wèi	zhēn	wù	qīng	yán	Zhī	wèi	dì	wù	qīng	chuán
见	未	真	勿	轻	言	知	未	的	勿	轻	传
Shì	fēi	yí	wù	qīng	Nuò	Gǒu	qīng	nuò	jìn	tuì	cuò
事	非	宜	勿	轻	诺	苟	轻	诺	进	退	错

【语句释文】

本意为：没有看到事情的真相，不轻易发表意见，对于自己不了解的事，不轻易传播出去。觉得不妥当的事，不要轻易答应，如果你不经考虑便允诺别人，会使自己进退两难。

我们可以理解为：任何事情在没有看到真相之前，不要轻易发表意见，对事情了解得不够清楚明白时，不可以任意传播，以免造成不良后果。不合乎情理的事，不要轻易答应，如果轻易允诺，会造成做也不是，不做也不好，使自己进退两难。

【经典故事】

曾子杀猪教子

有一天，曾子的妻子要去赶集，孩子哭着要和母亲一块儿去。于是母亲骗他说："乖孩子，待在家里等娘，娘赶集回来给你杀猪吃。"孩子信以为真，于是便不吵了，也不去了。等到妻子从市场回来的时候，看到曾子正在磨刀准备杀猪。妻子很紧张，便问道："我跟孩子开玩笑的，哄哄他，你还当真？一头猪顶咱家两三个月的口粮呢，怎么能随便杀猪呢？"曾子正色道："你既然答应了小孩子，就应该做到。假如你骗孩子一次，可能你这一辈子所说的话，他都不会相信，所以还是得按照你的承诺去做事。"就这样，儿子终于如愿吃到了猪肉。曾子杀猪教子的故事也一直流传至今，他的人品一直为后人所尊敬。

【案例介绍】

马同学系某中等职业学校三年级的学生，对即将离开学校参加顶岗实习的在校生而言，有两件事必不可少，第一，考等级证；第二，选择单位来实习。一天，马同学听隔壁班的老乡说，学校会对应聘不上企业的同学以统一"打包"的形式安排到不好的企业，回到班里便见人就说。这不当的言论一下子引起了班级大多数同学的恐慌，大家都无心复习。于是，陆续有同学跟班主任核实，班主任针对此现象，立即召开班会，传达指示，分析形势，自此同学们的情绪才得以平息，重新投入到复习考试中。事后，班主任找到马同学，对他说明传播谣言的严重后果并进行严肃的批评教育。此后，马同学明白了凡事应讲究实事求是的道理，表示要以实际行动改正缺点，今后不再犯类似的错误。

【分析讨论】

结合《弟子规》相关知识的学习，谈谈你对马同学的看法。

【思考题】

1. 把道听途说的谣言传播出去，你觉得会产生什么样的后果？

2. 答应了他人的事情，你是否全力以赴去完成？

3. 不妥当的事情，"轻诺"会使我们怎样？

【作业题】

1. 通过学习《弟子规》相关内容，我明白了________________________。
2. 通过案例学习，我学会了________________________。
3. 通过案例分析，我提高了________________________。

【落实行动】

1. 生活中不可相信不实之言。

2. 为说出的每一句话负责。所有说出的承诺，尽全力去完成。说前三思，说时稳重清晰有条理，说后坦坦荡荡不后悔。

3. 不造谣，不信谣，不传谣。

第四节 做一个语言表达流畅清晰的人

Fán dào zì zhòng qiě shū Wù jí jí wù mó hū
凡道字 重且舒 勿急疾 勿模糊

【语句释文】

本意为：谈吐说话要稳重且口齿清晰，不要说得太快太急，更不要字句含糊不清，让人听不清楚。

我们可以理解为：讲话时要口齿清晰，咬字应该清楚，掌握适中的语速，不要太快，更不要模糊不清。

【经典故事】

柳敬亭学说书

柳敬亭是扬州府泰州人，原姓曹。十五岁时，因为蛮横凶悍，刁钻不讲道理，触犯刑法，应当处死刑，因此他改姓柳，逃到盱眙城里，给人们说书。那时他说书已经能使市民佩服、感动。后来，他到了江南，松江府有个叫莫后光的读书人对他说："说书虽是低微的技艺，但也必须勾画出故事中人物的性格情态，熟悉各地方的风土人情。要像春秋时楚国优孟那样以隐言和唱歌讽谏，而后才能达到目的。"柳敬亭回到家里，用心练习，反复推求。过了一个月，他前往莫后光处，莫对他说："你说书，能够使人欢乐喜悦，大笑不止了。"又过了一个月，莫对他说："你说书，能使人感慨悲叹，痛哭流涕了。"又过了一个月，莫后光不禁赞叹地说："你说书，还没有开口，哀伤、欢乐的感情就先表现出来了，使听众不能控制自己的感情，你说书的技艺达到了精妙的程度。"于是，柳敬亭就到扬州、杭州、南京等大城市去说书，名声显扬于达官贵人之中。人们争着请柳敬亭表演他的技艺，没有不从内心感到满足，说他演得好。

【案例介绍】

李某是某中等职业学校的学生，平时除了阅读专业书籍外，还比较喜欢看其他书籍，各种类型的书都喜欢看一些，甚至连佛经、周易等都看过一些。这些书籍极大地开阔了他的视野，也让他了解了各方面的知识，所以他说出来的话头头是道，很让人信服。他的一位同学却总觉得研究这些学问没有什么用，只要口才好就可以了。结果有一天，两个人参加学校组织的辩论赛，在辩论过程中，李某因为平时看书多，肚子里有“货”，据理力争所以说出来的话很有说服力，而那位同学只是逞一时的口舌之能，只能做一些狡辩，胜负很容易就分辨出来了。后来，同学把这件事情告知了班主任，班主任对李某主动提高自己的学识修养，丰富自己内涵的行为给予了肯定与表扬，号召同学们都向他学习。

【分析讨论】

结合《弟子规》相关知识的学习，谈谈你对李同学的看法。

【思考题】

1. 要想成就人生的梦想，你觉得语言表达重要吗？
2. 生活中你能很好表达出你内心的想法，并让他人明白吗？
3. 当你口才没有他人好时，你是怎么做的呢？

【作业题】

1. 通过学习《弟子规》相关内容，我明白了＿＿＿＿＿＿＿＿＿＿＿＿＿＿＿＿。
2. 通过案例学习，我学会了＿＿＿＿＿＿＿＿＿＿＿＿＿＿＿＿＿＿＿＿。
3. 通过案例分析，我提高了＿＿＿＿＿＿＿＿＿＿＿＿＿＿＿＿＿＿＿＿。

【落实行动】

1. 加强普通话练习，提高自己的表达能力。
2. 多参加各种活动，主动创造锻炼口头表达能力的机会。
3. 拓宽知识面，提高自身的综合素质。

第五节　做一个讲原则的人

Bǐ shuō cháng　cǐ shuō duǎn　Bù guān jǐ　mò xiáng uǎn
彼 说 长　此 说 短　不 关 己　莫 闲 管

【语句释文】

本意为：遇到有人谈论别人的是非好坏时，与自己无关就不要多管闲事。

我们可以理解为：遇到他人说是非，东家说长，西家说短，别人的事情很难说清楚；与自己的正经事没有关系的，不要去管，不要受影响，不要介入是非。

【经典故事】

目不窥园

董仲舒是汉朝著名的学者，为了能够潜心学习，他整天钻在书房里，什么事情也不过问，吃的，穿的也不像别人那么讲究。据说在他家的旁边有一个菜园，然而，由于学习过于刻苦，董仲舒三年之中竟没有踏进过那个菜园一步。所以后人说他“三年不窥园”。经过不懈的努力，董仲舒后来成为我国古代著名的思想家。这和他专心学习、不为杂事所累的精神是分不开的。直到今天，他的这种精神仍值得读书人学习。

【案例介绍】

皇甫绩是隋朝有名的大臣。他三岁的时候父亲就去世了，母亲一个人难以维持家里的生活，就带着他回到娘家住。外公见皇甫绩聪明伶俐，又没了父亲，怪可怜的，因此格外疼爱他。外公叫韦孝宽，韦家是当地有名的大户人家，家里很富裕。由于家里上学的孩子多，外公就请了个教书先生，办了个自家学堂，当时叫私塾。皇甫绩就和表兄弟们都在自家的学堂里上学。外公是个很严厉的老人，尤其是对他的孙辈们，更是严加管教。私塾开学的时候，就立下规矩，谁要是无故不完成作业，就按照家法重打二十大板。有一天，上午上完课后，皇甫绩和他的几个表兄躲在一个已经废弃的小屋子里下棋。一贪玩，不知不觉就到了下午上课的时间。大家都忘记做教师上午留的作业。第二天，这件事被外公知道了，他把几个孙子叫到书房里，狠狠地训斥了一顿。然后按照规矩，每人重打二十大板。外公看皇甫绩年龄最小，平时又很乖巧，再加上没有爸爸，不忍心打他。于是，就把他叫到一边，慈祥地对他说：“你还小，这次我就不罚你了。不过，以后不能再犯这样的错误。不做功课，不学好本领，将来怎么能成大事？”皇甫绩和表兄们相处得很好，小哥哥们都很爱护他。看到小皇甫绩没有被罚，心里都很高兴。可是，小皇甫绩心里很难过，他想：我和哥哥们犯了一样的错误，耽误了功课。外公没有责罚我，这是心疼我。可是我自己不能放纵自己，应该也按照私塾的规矩，被重打二十大板。于是，皇甫绩就找到表兄们，求他们代外公责打自己二十大板。表兄们一听，都扑哧一声笑了出来。皇甫绩一本正经地说：“这是私塾里的规矩，我们都向外公保证过触犯规矩甘愿受罚，不然的话就不遵守诺言。你们都按规矩受罚了，我也不能例外。”表兄们都被皇甫绩这种信守学堂的规矩，诚心改过的精神感动了。于是，就拿出戒尺打了皇甫绩二十大板。后来皇甫绩在朝廷里做了大官，但是这种从小养成的信守诺言、勇于承认错误的品德一直没有丢，这使得他在文武百官中享有很高的声望。

【分析讨论】

结合《弟子规》相关知识的学习，谈谈你对皇甫绩的看法？

【思考题】

1. 面对外界的影响要怎么办？

2. 学习、生活中你是否因为定力太差，经常受到外界事物的影响？

3. 怎样才能把一件事情做好，做到底呢？

【作业题】

1. 通过学习《弟子规》相关内容，我明白了＿＿＿＿＿＿＿＿＿＿＿＿＿＿＿＿＿＿。
2. 通过案例学习，我学会了＿＿＿＿＿＿＿＿＿＿＿＿＿＿＿＿＿＿＿＿＿＿。
3. 通过案例分析，我提高＿＿＿＿＿＿＿＿＿＿＿＿＿＿＿＿＿＿＿＿＿＿＿。

【落实行动】

1. 不多管闲事，不在他人背后搬弄是非。

2. 在实现目标的过程中能够持之以恒，以恒心和毅力贯穿始终。

第六节　做一个虚心好学的人

Jiàn	rén	shàn	jí	sī	qí	Zòng	qù	yuǎn	Yǐ	jiàn	jī
见	人	善	即	思	齐	纵	去	远	以	渐	跻
Jiàn	Rén	è	jí	nèi	xǐng	Yǒu	zé	gǎi	Wú	jiā	jǐng
见	人	恶	即	内	省	有	则	改	无	加	警

【语句释文】

本意为：看见他人的优点或善行，心中要有向其学习的好念头，即使目前还差得很远，只要肯努力去做就能渐渐赶上。看见他人犯了罪恶的时候，心里面要反省自己，如果也犯同样的过错，就立刻改掉。如果没有就更加警觉不要犯同样的过错。

我们可以理解为：看见他人的优点或善行义举，要立刻想到学习并看齐，纵然目前能力相差很多，也要下定决心，逐渐赶上。看见别人的缺点或不良的行为，要反躬自省，检讨自己是否也有这些缺失，有则改之，无则加勉。

【经典故事】

择善而从

隋朝画家展子虔，由于画技精湛，名望地位都很高，他画人物、鞍马均能传神，尤其擅长于画北方奇伟壮丽的山水，能在不大的画面上描绘出视野开阔的自然景物，给人以咫尺千里之感，颇得人们的赞美。因此，他听到的都是赞美和恭维的话。时间一长，展子虔就飘然自得，认为自己是世界上最好的画家，也不把别的画家放在眼里。同时代一个名叫董伯仁的画家，在画坛的地位也不算低，可是展子虔瞧不起他。其实董伯仁除了能画和展子虔差不多的人物、鞍马之外，尤其擅长画江南山水，在他笔下的亭台楼宇精细别致；山水树木秀丽柔美，形神兼备，别具一格。他听说展子虔狂妄自大，瞧不起人，很不以为然地说："展子虔不过画些北方的秃山恶水，没有什么新奇之处，我还从来没有看到他画过一幅江南的美景呢！"董伯仁的话，很快就传到展子虔的耳朵里。乍一听来，展子虔十分生气，继而一想，觉得也不无道理。于是取出董伯仁的画，仔细端详起来，并和自己的画放在一起，进行比较，渐渐发现自己的画的确是雄健有余而潇洒滋润不足。展子虔这才心平气和，主动去见董伯仁，表示要向他学习，董伯仁深受感动，也表示要向展子虔学习。从此，见贤思齐的两位画家，都择善而从，以对方的优势作为自己学习的榜样，经常往来，一起切磋画艺，互相取长补短，终于成了挚友，两人的绘画技巧都有了新的提高。

【案例介绍】

吴某是某所中等职业学校某班级的班长，家里条件比较困难，所以平时学习很用功，遇到什么自己不明白的知识点都很虚心向老师或同学请教。钱某是班上不爱学习的学生，家里比较有钱，平时就喜欢玩电脑，同学都不喜欢他，但是他对电脑软件的使用很是精通。一次，老师布置作业，要求同学们制作一个课件。班长吴某虽然学习很在行，但是由于家里条件原因，接触电脑不多，所以遇到了困难。这时吴某很虚心地向钱某请教学习，钱某找到他已做好的幻灯片，告诉吴某其中的道理，吴某认真地听着，还在本子上做着记录，后来每次吴某遇到这些困难，都虚心地来请教，钱某也认真地教他，他的电脑水平也因此有了明显的提高。最后，钱某被班长这样虚心学习的精神所感动，下决心向班长学习，一改自己的恶习，从此认真学习，期末考试的成绩也因此有了很大的进步。班主任知道后，对吴某和钱某两位同学虚心好学主动提高自己学识的行为给予了肯定与表扬，并号召全班同学向他们学习。

【分析讨论】

结合《弟子规》相关知识的学习，谈谈你对两位同学的看法。

【思考题】

1. 想一想你是以怎样的心态看待他人的优点的？
2. 生活中当你遇到困难的时候，你会虚心向他人请教吗？
3. 看见别人行善，你怎么做？

【作业题】

1. 通过学习《弟子规》相关内容，我明白了______________________________。
2. 通过案例学习，我学会了______________________________________。
3. 通过案例分析，我提高了______________________________________。

【落实行动】

1. 在家听从父母的教诲。
2. 在校学会尊重同学，虚心求教。
3. 在外虚心向身边的人学习。

第七节　做一个有品德的人

Wéi	dé	xué	wéi	cái	yì	Bù	rú	rén	dāng	zì	lì
唯	德	学	唯	才	艺	不	如	人	当	自	砺

【语句释文】

本意为：我们要重视自己的品德、学问和才能技艺的培养和提高，如果感到有不如他人时，应当自我督促努力赶上。

我们可以理解为：每个人都应当重视自己的品德、学问和才能技艺的培养，如果感到有不如人的地方，应当自我鼓励奋发图强。

【经典故事】

三人行必有我师

大教育家孔子是个善于学习的人，他勤思好学，不耻下问。有一次，孔子和学生们正在赶路，忽然一个小孩子挡住了他们的去路。原来，这个小孩子正在路上用砖瓦石块垒一座“城池”。孔子叫那个小孩让路，而小孩却说：“这世上只有车绕城而过的，还没有把城池拆了给车让路的。”孔子想：确实不能把这孩子摆的城池当成玩具，我这样想，可孩子不这样想啊。我倡导礼仪，没想到让孩子给问住了。孔子十分感慨地对他的学生说："三人行必有我师！这孩子虽小，却懂礼仪，可以做我的老师了。"

【案例介绍】

小张是某所中等职业学校的学生，对待学习比自己好的同学一直很羡慕，觉得别人为什么可以做得那么好，学得那么好，认为自己比不过人家，内心产生了自卑的思想，不再喜欢和同学交往，封闭自己，对学习也失去了信心，私下里和同学说打算办理退学回家。班主任了解这事后，把该生单独叫到办公室，结合《弟子规》中"唯德学，唯才艺；不如人，当自砺"的内容对他进行劝说教育。班主任让小张思考，是不是学习不够努力？所以才做得不好，才学得不好，成绩才会上不去，如果一辈子没有技术文化，不但生活会艰难困苦，而且无法给父母提供安享晚年的好环境，遇事应该迎难而上，而不是退缩。在班主任和家长动之以情，晓之以理的劝说教育下，小张同学认识到了自己错误的想法和不足，保证今后会加倍努力学习。经过一个学期的刻苦学习，小张在期末考试中全部科目都考了及格，甚至有两科得了良好。通过这件事使小张明白了一份付出就有一份收获的道理，重拾了学习的信心。

【分析讨论】

结合《弟子规》相关知识的学习，谈谈你对张同学的看法。

【思考题】

1. 想一想在学习方面你付出了多大的努力？

2. 生活中你会重视自己的品德、学问和才能技艺的培养和提高吗？

3. 当你感到自己的能力不如人时，你会怎么做？

【作业题】

1. 通过学习《弟子规》相关内容，我明白了________________________。
2. 通过案例学习，我学会了____。
3. 通过案例分析，我提高了____。

【落实行动】

1. 谨听教诲，加强品德修养。

2. 认真学习，提高综合技能。

3. 制定目标，超越自我。

第八节　做一个贫而不卑的人

Ruò	yī	fú	ruò	Yǐn	shí	Bù	rú	rén	wù	shēng	qī
若	衣	服	若	饮	食	不	如	人	勿	生	戚

【语句释文】

本意为：至于穿的衣服和吃的饮食不如他人时，不要担心、忧伤、自卑，更不要难过。

我们可以理解为：至于外表穿着，或者饮食不如他人，则不必放在心上，更没有必要忧虑自卑，而应该更加发奋学习。

【经典故事】

阮咸晒衣

阮咸是西晋著名的文学家，年轻的时候家里并不富裕，吃的穿的很平常，可是他在有钱人面前却泰然自若，一点也不自卑。当时有个风俗，就是每年七月初七，各家都要把自家的箱子打开，把箱子中的衣服拿到太阳下面晾晒。据说这样衣服不会被虫子咬。这一天，许多人家都在晒衣服，阮咸把自己的衣服也晾出来，这些人见阮咸晾晒自己的旧衣服，都来观看。但阮咸一点也不在意，他认为，富贵不是可以夸耀的资本，贫寒也不是耻辱，人活着关键在于他的德行和学识。

【案例介绍】

小唐是某中等职业学校的学生，平时表现一般。家里条件不是很好，偏偏小唐又是一个自尊心很强。很爱面子的人，很怕他人瞧不起他。他常常跟人家攀比，比来比去，看到人家买新衣服什么的，自己也买，经常花大把的钱去买一件昂贵的衣服，一个月都要吃泡面过日子，把身体搞砸了。有时伙食费花光了就向同学借，久而久之，自己欠了一身债，只能靠周末打零工还钱。因为这样不能专心学习，成绩一落千丈，班主任看见小唐成绩下滑那么快，事出反常，找其谈话了解清楚原因后，对小唐这种为了追求面子，把父母的期望和血汗钱随意挥洒的行为进行了批评。后来，班主任私下多次找其谈话，使小唐深刻明白了《弟子规》中“若衣服若饮食；不如人勿生戚”的意义，决心痛改前非，今后一门心思放在学习上，不再和他人攀比，拿最好的成绩回报父母。

【分析讨论】

结合《弟子规》相关知识的学习，谈谈你对唐同学的看法。

【思考题】

1. 想一想从出生到现在是谁辛苦把我们抚养长大？
2. 生活中你能拿并不富裕的父母的血汗钱挥洒吗？
3. 当你享受金钱带来的快乐时，你会想到父母此刻在做什么吗？

【作业题】

1. 通过学习《弟子规》相关内容，我明白了________________________。
2. 通过案例学习，我学会了________________________。
3. 通过案例分析，我提高了________________________。

【落实行动】

1. 养成勤俭节约的好习惯。
2. 端正自己对物质欲望的心态。

第九节　做一个正确对待功过评价的人

Wén	guò	nù	wén	yù	lè	Sǔn	yǒu	lái	yì	yǒu	què
闻	过	怒	闻	誉	乐	损	友	来	益	友	却
Wén	yù	kǒng	wén	guò	xīn	Zhí	liàng	shì	jiàn	xiāng	qīn
闻	誉	恐	闻	过	欣	直	谅	士	渐	相	亲

【语句释文】

本意为：听到别人称赞自己就欢喜，不好的朋友就会来到你身边，真诚有益的朋友就不敢和我们在一起。听到别人称赞我们的时候，自我反省一下，看自己有没有这些优点。当听到别人批评我们的过错的时候，心里却要欢喜接受，正直诚实的人就会喜欢和我们亲近。

我们可以理解为：如果一个人听到别人说自己的缺失就生气，听到别人称赞自己就欢喜，那么坏朋友就会来接近你，真正的良朋益友反而逐渐疏远退却了。反之，如果听到他人的称赞，不但没有得意忘形，反而会自省，唯恐做得不够好，继续努力；当别人批评自己的缺失时，不但不生气，还能欢喜接受，那么正直诚信的人，就会渐渐喜欢和我们亲近了。

【经典故事】

唐太宗纳谏

唐太宗李世民最善于听取大臣们的建议，但由于大臣的言语过于尖锐，他也有十分生气的时候。有一次，太宗从外边回来往寝宫里边走边说："气死我了！气死我了！我一定要把他杀了！"长孙皇后问他在生谁的气，太宗气愤地说："还不是那个魏征！他天天在朝廷上当面指责我的不是，还当面顶撞我，气死我了！"长孙皇后听到后，马上换上朝服，走到太宗面前说："恭喜皇上，贺喜皇上，一定有明主出现，臣子才敢直谏。"太宗听完后，怒气逐渐消了。正是由于有魏征这样正直的大臣和贤明的长孙皇后的辅佐，唐朝初期才得以政治开明，经济发达，社会安定，以至被后人称为"贞观之治"。

【案例介绍】

杨是某中等职业学校的学生，在学校学习当中，学习成绩优秀又多次参加学校组织的各种比赛活动，荣获了多项奖项，平时有很多同学喜欢和他在一起探讨学问。后来，杨逐渐地自满起来，认为自己比别人优秀看不起他人，在新学期返校学习当中性情有所改变，和他人彼此见面时，都喜欢听对方讲好话，听到他人讲自己的过错时，会很生气。一段时间后，之前一起爱好学习的同学朋友对他渐渐地远离了，一些平时不喜欢学习，整天游玩的同学，在他的身边渐渐地增多起来，不知不觉他也受了影响，喜欢整天游玩，学习成绩从班上的前十名，下降为倒数十名。开始出现违纪现象，最终演变成夜不归宿，被学校下处分。以前和他在一起玩的好同学都离开了他，最后只剩下一位平时经常指正其过错的同学，一直没有放弃他，始终陪伴着杨，并把杨的情况反映给了老师，后来，老师找了班上同学了解原因后，找到杨对其进行了多次教育，最终杨认识到了自己的过错，懂得交朋友需谨慎，多交益友的道理，决心要认真悔改，并对始终陪伴在自己身边默默帮助自己的同学进行了感谢。

【分析讨论】

结合《弟子规》相关知识的学习，谈谈你对杨同学的看法。

【思考题】

1. 想一想我们是不是专门喜欢听好话？

2. 生活中有没有朋友直接说出你的过错？你如何对待？

3. 在我们身边的是损友还是益友？

【作业题】

1. 通过学习《弟子规》相关内容，我明白了______________________________。

2. 通过案例学习，我学会了＿＿＿＿＿＿＿＿＿＿＿＿＿＿＿＿＿＿＿＿＿＿＿＿。
3. 通过案例分析，我提高了＿＿＿＿＿＿＿＿＿＿＿＿＿＿＿＿＿＿＿＿＿＿＿＿。

【落实行动】

1. 交朋友需谨慎，多交益友。
2. 养成喜欢听批评的习惯，对成功冷静对待。
3. 无论在学习还是在工作中，养成积极进取的心态。

第十节　做一个勇于改正错误的人

Wú	Xīn	fēi	míng	wéi	cuò	Yǒu	xīn	fēi	míng	wéi	è
无	心	非	名	为	错	有	心	非	名	为	恶
Guò	Néng	gǎi	guī	yú	wú	Tǎng	yǎn	shì	zēng	yì	gū
过	能	改	归	于	无	倘	掩	饰	增	一	辜

【语句释文】

本意为：不是有心故意做错的，称为过错；若是明知故犯的，便是罪恶。不小心犯了过错，只要能勇于改正就会越改越少，渐归于无过。如果故意掩盖过错，那反而又增加一项掩饰的罪过了。

我们可以理解为：无心之过称为错，若是明知故犯，有意犯错便是罪恶。知错能改，是勇者的行为，错误自然慢慢地减少消失，如果为了面子，死不认错，还要去掩饰，那就是错上加错了。

【经典故事】

割发代首

有一次，在麦熟时节，曹操率领大军去打仗。沿途的老百姓因为害怕士兵，都躲到村外，没有一个敢回家收割小麦。曹操得知后，立即下令，士兵如有践踏麦田的，立即斩首示众，请父老乡亲们不要害怕。老百姓一开始不相信，都躲在暗处观察曹操军队的行动。曹操的官兵在经过麦田时，都下马用手扶着麦秆，小心地蹬过麦田，没一个敢践踏麦子的。老百姓看见了，没有不称颂的。曹操骑马正在走路，忽然，田野里飞起一只鸟儿，惊吓了他的马。他的马一下子蹿入田地，踏坏了一片麦田。曹操立即叫来随行的官员，要求治自己践踏麦田的罪行。官员说："怎么能给丞相治罪呢？"曹操说："我亲口说的话都不遵守，还会有谁心甘情愿地遵守呢？一个不守信用的人，怎么能统领成千上万的士兵呢？"随即抽出腰间的佩剑要自刎，众人连忙拦住。这时，大臣郭嘉走上前说："古书《春秋》

上说，法不加于尊。丞相统领大军，重任在身，怎么能自杀呢？”曹操沉思了好久说：“既然古书《春秋》上有‘法不加于尊’的说法，我又肩负着天子交给我的重要任务，那就暂且免去一死吧。但是，我不能说话不算话，我犯了错误也应该受罚。”于是，他就用剑割断自己的头发以示惩罚。随即又派人传令三军：丞相践踏麦田，本该斩首示众，因为肩负重任，所以割掉头发替罪。三军将士莫不钦敬，自此后更加严于律己，令出必行。

【案例介绍】

小黄同学是某中等职业学校的学生，和隔壁班的老乡小苏同学是一对感情很好的朋友，平时都喜欢玩在一起。在一次上实习操作课过程当中，小黄同学不按要求操作致使机械出现了故障，怕被老师骂没有及时上报，一直到下课老师询问各组完成情况时，也未能勇敢地承认。接着上课的是隔壁小苏同学班级，小苏同学在上节课小黄同学使用过的机械上实习，操作过程当中出现比较严重的事故，致使机械损坏严重，赔偿了几千块钱。事后，小黄同学知道这件事情后，心里很过意不去觉得很对不起自己的好朋友，要是自己能勇敢一点去承认自己的过错，老师就能及时检查修理好机械，就不会发生这样的事情。在沉思许久之后，小黄同学终于站了出来，勇敢地承认了错误，分担了赔偿款，最终得到了好朋友的谅解。老师在开班会的时候，对小黄同学这种知错能改的行为进行了表杨，号召大家做一个勇于改正错误的人。

【分析讨论】

结合《弟子规》相关知识的学习，谈谈你对小黄同学的看法。

【思考题】

1. 想一想自己从出生到现在有逃避或推让责任的时候吗？
2. 生活中面对自己犯下的过错你是怎么做的？
3. 当你看见身边有人犯下过错时，你是怎么做的呢？

【作业题】

1. 通过学习《弟子规》相关内容，我明白了____________________。
2. 通过案例学习，我学会了____________________。
3. 通过案例分析，我提高了____________________。

【落实行动】

1. 生活中担当起我们应尽的责任，勇往直前。
2. 在校遵守学校的校纪校规。
3. 不做有损我们品行的事，遵守国家法律法规。

第六章 泛爱众

第一节 做一个有爱心的人

Fán shì rén jiē xū ài Tiān tóng fù dì tóng zài
凡 是 人 皆 须 爱 天 同 覆 地 同 载

【语句释文】

本意为：对于大众有关怀爱护的心，如同苍天与大地，绝对没有私心，不论好人、坏人、聪明、愚笨、宝贵、贫贱、种族、国界都一样给予保护和承载，同是天地所生万物滋长的，应该不分你我，互助合作，才能维持这个共生共荣的生命共同体。

我们可以理解为：人类生活在同一个地球上，所以，我们应该去爱护关心所有人，不论好人、坏人、聪明、愚笨、宝贵、贫贱，大家互助互爱，相互关心，社会才能和谐发展。

【经典故事】

孙叔敖杀两头蛇

孙叔敖是春秋时期楚国的政治家，他小时候，一天在村外玩耍时，突然发现了一条两头蛇。孙叔敖大吃一惊，因为他听说两头蛇是不祥之物，谁见到它就会死去。孙叔敖刚想躲开，转念一想：自己看见它就够倒霉了，要是留着它，别人见了也会倒霉的。于是他就把两头蛇砸死深埋了。孙叔敖回到家里后，哭着把自己的遭遇告诉了母亲。母亲听了孙叔敖的话，笑了："孩子，你死不了，因为在危险时还想着别人的人是不会轻易死掉的。"

【案例介绍】

小文从小父母双亡，与爷爷奶奶生活在一起，爷爷腿脚不好，小文从小就会替奶奶做家务，很少与同龄人玩耍，性格内向。初中毕业后，他报读了某技工院校，选修汽车维修专业，很多时候他都是一个人独来独往。其实他看到别的同学一起欢声笑语，也很羡慕。可是他没有勇气和别人在一起。后来班长主动与他接触，一起上课、打饭，课余时间一起打球。在学习上，两人相互鼓励，经常一起讨论专业知识，成绩在班上都非常优异。因表现优秀，他与班长同时被选拔参加全国技能比赛，并取得第一名的好成绩。顶岗实习时，班长与小文同时被宝马 4S 店录用。

珍惜自己 关爱他人 诚心友爱 勤奋学习

【分析讨论】

结合《弟子规》相关知识的学习，谈谈你对这个案例的看法。

【思考题】

1. 学习上，你认为小文与班长身上有哪些值得学习的地方？

2. 在同学遇到困难，需要帮助时，我们是否应该给予关心与帮助？

3. 如何你是一名班干部，看到班上经常独来独往的同学，你应该怎么做？

【作业题】

1. 通过学习《弟子规》相关内容，我明白了____________________。
2. 通过案例学习，我学会了______________________________。
3. 通过案例分析，我提高了______________________________。

【落实行动】

1. 生活中为他人着想，善待他人，与别人分享喜悦。

2. 尊重人的个性，尊重人的天赋价值。

3. 与他人相处，内心充满爱，主动关心别人。

第二节　做一个注重内在修养的人

Xíng	gāo	zhě	míng	zì	gāo	Rén	suǒ	zhòng	fēi	mào	gāo
行	高	者	名	自	高	人	所	重	非	貌	高

【语句释文】

本意为：德行高尚者，名望自然超高。大家所敬重的是他的德行，不是外表容貌。

我们可以理解为：对待他人都要有一种仁爱、慈悲、关怀，帮助他们，这才是真正品行高，他们会被人所恭敬、爱戴，他的名望就自然高起来。可能你名气很大，可能有很大的资产，或者地位很高，这些只属于貌高，不是真正的高。如果你不是真的有道德、品行、学问这样的行高，群众的眼睛是雪亮的，名不副实，大家慢慢会看出来，也就疏远你了。

【经典故事】

晏婴使楚

晏婴是春秋时期齐国的相国，但长相很普通。一次，齐王派他出使楚国，楚王听说晏婴来了，想羞辱他，于是就在城墙下开了一个又低又小的门。晏婴知道这是楚国人故意羞辱他，就说："我是前来访问的，这是狗洞，不是国门，如果我访问的是狗国，我就从这个门进去。"楚国人一听，马上打开城门让晏婴进去了。晏婴见到楚王，楚王故意问他："齐国没有人了吗？怎么派你来了。"晏婴回答说："我国派人出访有一个规矩，上等国家派上等的人物，我最不中用，所以就派我到楚国来了。"楚王听后，觉得晏婴很了不起，对他肃然起敬，并马上向他致歉。

【案例介绍】

陈某一生下来，脸部就有很明显的胎记，而且随着年龄的增长，胎记也越来越大，为此，他很伤心，一度对自己缺乏自信，对生活也没有多少热情。唯一让他可以扬眉吐气的，就是学习成绩很好。后来，班主任对他说："一个人生得不漂亮可以怨天怨地怨造化弄人，但一个人活得漂亮不漂亮，却不可以怨任何人。"班主任的当头棒喝，让陈某醍醐灌顶。从此以后，他仿佛变了一个人，一扫以往的自卑与忧郁，加上校园的生活给了他丰富多元的内容，不但心里充满了阳光，连眼角眉梢都洋溢着笑容。除了刻苦学习外，学校所有的活动，他都是积极的参与者，主动帮助老师和同学。几年下来，他不仅在学业上取得了成就，在为人做事方面也得到老师跟同学的一致赞扬。

无论什么时候，渊博的知识、良好的修养、博大的胸怀以及一颗充满爱的心灵，一定可以让一个人活得足够漂亮，哪怕你本身长得并不漂亮。

【分析讨论】

结合《弟子规》相关知识的学习，谈谈你对以貌取人的看法。

【思考题】

1. 在平时的生活和学习中，你是否愿意积极参加学校的活动？

2. 通过陈某的故事，思考他学习、工作、人际关系处理方面有哪些可以借鉴？

3. 如何看待"一个人可以生得不漂亮，但是一定要活得漂亮"这句话？

【作业题】

1. 通过学习《弟子规》相关内容，我明白了________________________________。

2. 通过案例学习，我学会了____。

3. 通过案例分析，我提高了____。

【落实行动】

1. 生活中不以貌取人。

2. 在校积极参加学校组织的各项活动。

3. 无论什么情况，都要坚定自己的理想。

第三节　做一个脚踏实地的人

Cái	dà	zhě	wàng	zì	dà	Rén	suǒ	fú	fēi	yán	dà
才	大	者	望	自	大	人	所	服	非	言	大

【语句释文】

本意为：有才能的人，处理事情的能力卓越，声望自然不凡，然而人们之所以欣赏佩服，是因为他的处事能力，而不是因为他很会说大话。

我们可以理解为：一个人才华横溢、学问高，当然名望就大。人所佩服的并不是他的名望，或者是他说得怎么好，而是看他有没有真才实学。

【经典故事】

骄傲自大的王昭远

王昭远是五代时期后蜀的统帅，平时他骄傲自大，总以诸葛亮自比，经常吹嘘说："只要我手握铁如意，坐着太平车就可指挥大军，一统天下。"公元961年，北宋派大军攻打后蜀。后蜀派王昭远率军抵抗，平时趾高气扬的王昭远由于指挥失当，使后蜀的军队一溃千里，王昭远自己也做了宋军的俘虏。结果，王昭远自比诸葛亮要一统天下的大话，成为了历史上的笑柄。

【案例介绍】

"一屋不扫，何以扫天下"，说到这句话，应该不少人都知道，但是，谁能真正的做到。

不错，是他——查理·贝尔，他是曾任麦当劳的执行总经理。但是，在这辉煌成就的背后隐含了多少的辛酸苦辣。在 1976 年，15 岁迫于生计的他，来到麦当劳求职，他找到店长，请求给他一份工作，由于贝尔营养不良，店长委婉地拒绝了他。

店长没有预料到，贝尔几天后又来到了店里，说不要工资，只要有吃喝就行。贝尔小声说道："老板，我看到你们这里的厕所的状态好像不是很好，要不我来打扫厕所吧！"老板很无奈，所以就勉勉强强地答应了。

扫厕所，在一般人眼中都是被鄙视的，认为是没有出息的工作。然而，贝尔却认为是他人生事业的一块最坚实的基石。

他每天清晨都是店员中起得最早的，每隔一段时间维持一次，他还在厕所中摆放一些花草，让顾客欣赏，并贴上一些警示语。不久，顾客向店长反应，说厕所的状态大有改观。有些人甚至说这儿的厕所比那些不太讲究的餐馆还干净。

经过三个月的观察后，店长正式录用了贝尔，并且安排他去接受正规的职业培训。就在贝尔 19 岁那年，他被提升为澳大利亚最年轻的店面经理。

功名成就的贝尔在接受各媒体的采访的时候，贝尔把自己的事例一一讲述给记者听。这不在显摆自己有多么了不起，而是为了让后人更好地去学习他。贝尔说："一个人做一件事，既然开始做了，就应该一心一意地做，而不能三心二意，做出一番事业来。"就这样，从麦当劳一个扫厕所的，到成为后来澳大利亚最年轻的店面经理。正因为他的事例，也激励了成千上万的后人，创造出许多辉煌成就。

是啊！正因为他对工作一丝不苟的态度，才成就了他毕生的辉煌成就。在这个世界，每一分收获都需要付出艰辛和努力，不努力即使侥幸得到了成功，那也不会长久。所以，请牢记：人只有脚踏实地，才能获得真正的成功。

【分析讨论】

结合《弟子规》相关知识的学习，谈谈你对查理·贝尔的看法。

【思考题】

1. 如果你是理查·贝尔，你认为自己能为这个班集体做点什么呢？

2. 你作为班级普通的一名同学，你对于班级做出了什么贡献，有什么看法？

【作业题】

1. 通过学习《弟子规》相关内容，我明白了______________________。
2. 通过案例学习，我学会了______________________。
3. 通过案例分析，我提高了______________________。

【落实行动】

1. 做任何事情，都要脚踏实地，切记心浮气躁。

2. 做班干部的同学，凡事要以身作则。

3. 在任何一个集体，都要有集体荣誉感。

第四节 做一个宽以待人的人

Jǐ yǒu néng wù zì sī Rén suǒ néng wù qīng zī
己 有 能 勿 自 私 人 所 能 勿 轻 訾

【语句释文】

本意为：当你有能力可以服务众人的时候，不要自私自利，只考虑到自己，舍不得付出。对于他人的才华，应当学习、欣赏、赞叹，而不是批评、嫉妒、诽谤。

我们可以理解为：真正心存仁爱之心的人，当他有能力、有学问时，他不会有私心，看到别人需要帮助的时候，他会竭尽所能帮助别人；而当他看到别人有能力、有才华、有道德、有学问时，他总是会赞叹，而不会起嫉妒之心从而去诽谤别人。

【经典故事】

祁黄羊荐贤

春秋时，晋平公向大夫祁黄羊请教："你看谁能胜任南阳县令的职位？""解狐。"晋平公问："解狐不是你的仇人吗？"祁黄羊说："你问的是谁能去担当县令，没问我的仇人是谁呀？"不久，晋平公又问祁黄羊："现在需要一个人来管理军队，你看谁行？"祁黄羊说"祁午。"平公说："祁午不是你的儿子吗？"祁黄羊说："你问我谁能当军事长官，也没问谁是我的儿子呀？"祁黄羊就是这样，不管是仇人还是亲人，他只推举有贤能的人。

【案例介绍】

马某，毕业于广西某技校，2004 年进入广西某汽车总站从事汽车修理工作。某日，马某在车站发现一名年近 70 岁的老人，因家人未及时接车滞留在车站。他及时对老人提供帮助，热心安排老人到修理厂接待室避雨，端来了热水为老人驱寒，并尽快与其子女联系。一小时后，老人的儿子徐某匆匆赶到了汽车站，见到母亲安然无恙，在简单的道谢后，把母亲接回家了。事后，徐某为了表示心中的感激，向汽车总站写去一封情真意切的感谢信，就是这样一件平淡的事情，没有惊天动地的事迹，没有豪言壮语，却让人感受到人间真情与大爱无疆。

我们了解到，马某现任汽车总站修理班班长，厂技术革新小组领军人之一。作为修理班班长，他带领全班人员积极参加先进班组创建和社会公益等活动，极大地提高全班组成员的综合素质，班组先后荣获团市委“青年文明号”、“青年安全生产示范岗”、市总工会“工人先锋号”等殊荣。他的先进事迹，充分反映了汽车维修行业从业人员爱岗敬业、大公无私、奉献社会的高尚品格。

【分析讨论】

结合相关知识，谈谈你对这件事情的看法。

【思考题】

1. 平时对于他人有德有才有贡献，我们是不是欣赏地看待？

2. 生活中，你是否想到自己就能想到他人？

3. 在家里，是否能为父母做一些力所能及的事情？

4. 当别人能力比自己强的时候，我们是否存在挖苦、讽刺、诽谤的情况？

【作业题】

1. 通过学习《弟子规》，我懂得了________________________。
2. 通过案例学习，我明白了____________________________。
3. 通过案例分析，我应该______________________________。

【落实行动】

1. 在家里，为父母做一些力所能及的事情，在学校，看到同学遇到困难，尽自己的能力给予帮助。

2. 当看到别人能力比自己强的时候，要以他人为榜样，争取迎头赶上。

3. 正确看待自己的优缺点，取长补短。

第五节　做一个珍惜情谊的人

Wù chǎn fù　wù jiāo pín　Wù yàn gù　wù xǐ xīn
勿谄富　勿骄贫　勿厌故　勿喜新

【语句释文】

本意为：对富有的人态度不谄媚求荣；对贫穷的人不表现出骄傲自大的样子，不要喜新厌旧，不厌恶、不嫌弃亲戚老友，不要贪恋新朋友或新事物。

我们可以理解为：不要去讨好巴结富有的人，也不要在穷人面前自以为了不起，看不起人。不要因为认识新朋友而把老朋友忘记了，不要贪恋新的事物，在追求新事物的时候，要珍惜已经拥有的东西（或人）。

【经典故事】

刘秀念旧

严光是汉代著名的士人，年轻时他和刘秀一起游历求学，是一对很要好的朋友。后来刘秀做了皇帝，仍然没有忘记他。刘秀知道严光很有才华，便派人到处寻找。他把严光请到皇宫，热情招待。刘秀想让严光当官，结果被严光拒绝了。刘秀并不生气，晚上，两人交谈到了深夜，并在一起睡觉。后来，刘秀尊重严光的选择，并没有勉强他当官。刘秀贵为帝王，不忘朋友，确实值得钦佩。

【案例介绍】

小洪和小辉现在是某奥迪 4S 店的高级技师，他们也曾是一起读书的同学。小洪的父亲是当地政府领导，母亲是银行工作人员，家境优越。小辉来自国家贫困县，父母都在农村务农。在校期间，小洪并没有因为家庭经济条件看不起小辉，相反，他从小辉身上看到的更多是农村孩子艰苦朴素、不怕吃苦、任劳任怨、有责任有担当的优秀品质。同时，小辉也并没有因为家庭困难而自卑，性格开朗大方，担任班上学习委员，成绩一直位于班级前茅，积极参加学校各项活动，失败了也不气馁，得到了同学的喜爱。小辉和小洪成为无话不说的好朋友。顶岗实习时，小洪家里帮他联系了某奥迪 4S 店，而小辉因为父亲意外去世，哥哥发生车祸在医院治疗，妹妹还在读初三，母亲身体不好，加上欠了外债，家里所有压力都在小辉身上，所以小辉不得已回到家里，承担起照顾家庭的重担。一年后，哥哥身体康复了，妹妹也读了高中，小辉的负担开始减轻。小洪一直没有忘记小辉这位优秀的同学，两人在一年中经常保持联系，得知小辉仍然还是想从事汽车维修行业，主动找到了人力资源部经理，极力推荐小辉到奥迪 4S 店工作。经理不仅被小辉的事情感动，更是为小洪珍惜朋友的情谊感动，同意聘用小辉到店里工作。

【分析讨论】

结合相关知识，谈谈你对本案例的看法。

【思考题】

1. 小辉身上有哪些优秀的品质？

2. 小洪身上有哪些值得我们学习的地方？

3. 如何看待真正的友谊？

【作业题】

1. 通过学习《弟子规》的知识，我理解了＿＿＿＿＿＿＿＿＿＿＿＿＿＿＿＿＿＿。
2. 通过案例学习，我学会了＿＿＿＿＿＿＿＿＿＿＿＿＿＿＿＿＿＿＿＿＿＿＿。
3. 通过案例分析，我提高了＿＿＿＿＿＿＿＿＿＿＿＿＿＿＿＿＿＿＿＿＿＿＿。

【落实行动】

1. 做人要懂得珍惜，不要轻视别人。

2. 不能喜新厌旧，盲目追求时尚。

3. 贫和富只是生活方式不同而已，要学习礼节充实各项才能。

第六节　做一个会换位思考的人

Rén	Bù	xián	wù	shì	jiǎo	Rén	bù	ān	wù	huà	rǎo
人	不	闲	勿	事	搅	人	不	安	勿	话	扰

【语句释文】

本意为：对于正在忙碌的人，不要去打扰他，当别人心情不好，身心欠安的时候，不要闲言闲语干扰他，增加他的烦恼与不安。

我们可以理解为：我们要善于观察，当别人正忙得没有空闲时，不要因为自己有事就去打扰别人，别人情绪不安时，不要唠唠叨叨对他说个不停，应该让别人好好休息。人与人交往贵在能知心，也贵在能替对方设想。

【经典故事】

魏明帝怒赶直臣杨阜

三国时期，魏明帝最疼爱的一个女儿去世了。魏明帝非常悲痛，决定厚葬她，并且表示自己要亲自去送丧。这时，大臣杨阜对魏明帝说：“过去，先王和太后去世时，您都没有送丧，现在女儿死了却去送丧，这与礼法不合。”杨阜说得有道理，但当时魏明帝悲痛至极，并没有接受杨阜的建议。杨阜就反反复复、唠唠叨叨地说个不停。结果，气愤的魏明帝把杨阜赶出了朝堂。这是他说话不看时机的结果。

【案例介绍】

故事说的是如何提高降落伞的合格率：二战期间，美国空军降落伞的合格率为99.9%。这就意味着从概率上来说，每一千个跳伞的士兵中会有一个因为降落伞不合格而丧命。军方要求，厂家必须让合格率达到100%才行。厂家负责人说，我们竭尽全力了，99.9%已是极限，除非出现奇迹。军方改变了检查制度，每次交货前从降落伞随机挑出几个，让厂家负责人亲自跳伞检测。从此，奇迹出现了，降落伞的合格率达到了百分之百。

【分析讨论】

结合相关知识，谈谈从提高降落伞的合格率联想到提高自身学习效率及学习方法。

【思考题】

1. 在学校，你是否换位思考过在实际岗位操作时，过多的失误率会不会影响以后工作的成功率呢？

【作业题】

1. 通过学习《弟子规》，我明白了________________________________。
2. 通过案例学习，我学会了________________________________。
3. 通过案例分析，我提高了________________________________。

【落实行动】

1. 有事找别人，即使要把很多好的东西给他，也要先问别人是否方便、是否有空。

2. 看到别人情绪低落或身体不舒服，不要去打扰。

第七节 做一个包容的人

Rén yǒu duǎn qiè mò jiē Rén yǒu sī qiè mò shuō
人 有 短 切 莫 揭 人 有 私 切 莫 说

【语句释文】

本意为：别人的短处绝对不要揭露出来，别人有秘密不想让人知道，我们就不要说出来。所以当我们知道别人有短处、有毛病时，不要像传声筒一样，到处宣扬。这里的“私”并不是指大是大非的事情。

我们可以理解为：人跟人相处当中，会看到对方的缺点和缺陷，但不要到处去张扬。当我们知道别人有不愿意让他人知道的隐痛或者隐私时，我们更不应该大肆宣扬。这里就是告诉我们，人要有包容别人的心量，正常看待他人的缺点与不足。

【经典故事】

宽厚待人的刘宽

刘宽是东汉时的一位丞相，以宽厚待人闻名于世，他从不对人发脾气。有一次，他的夫人想惹他发脾气，就在他穿好朝衣准备上朝时，特意让侍女端来一碗鸡汤给他喝，侍女在他面前故意失手，鸡汤洒在了他的朝服上。侍女赶紧揩擦，然后低头站在一边准备挨骂。刘宽不仅不生气，反而关心地问：“你的手烫伤没有？”侍女很感动，夫人对他的涵养也十分佩服。刘宽对待侍女犯错并没有责怪，他温和的性情，宽宏的气度，受到了人们的尊敬。

【案例介绍】

王某是一个家庭困难但品学兼优的学生。他是一个孝子，曾经省吃俭用省下 100 元，在妈妈来看他时偷偷放在妈妈回家的路上，看着妈妈捡到钱欢天喜地的样子，他就躲在角落偷偷地哭。在学校里，室友刘某看不起他，在班上笑话他长了六个手指头，还经常笑话王某讲话带有浓重的口音。有一天，室友再次开玩笑，王某一气之下拿起开水壶朝刘某砸过去，导致刘某鼻梁骨断裂。

过后班主任找到王某，王某表示当时确实冲动，一时控制不住自己的情绪。因为经常被刘某笑话，心里很压抑，加上知道妈妈生病了心情不好，同学又取笑自己，所以才失控了，现在后悔不已。

【分析讨论】

结合相关知识，谈谈你如何看待王某的行为。

【思考题】

1. 为什么我们不能到处宣传别人的缺点？

2. 朋友如果犯了错误，我们应该怎么做？

3. 我们如何对待是非问题？

【作业题】

1. 通过学习《弟子规》，我明白了________________________。
2. 通过案例学习，我学会了________________________________。
3. 通过案例分析，我提高了________________________________。

【落实行动】

1. 要学会忍让。

2. 人要有包容别人的心量。

3. 不随便宣传别人的短处、隐私。

第八节　做一个正确对待善恶的人

Dào	rén	shàn	jí	shì	shàn	Rén	zhī	zhī	yù	sī	miǎn
道	人	善	即	是	善	人	知	之	愈	思	勉
Yáng	rén	è	jí	shì	è	Jí	zhī	shèn	huò	qiě	zuò
扬	人	恶	即	是	恶	疾	之	甚	祸	且	作

【语句释文】

本意为：赞美他人的善行就是行善。当对方听到你的称赞之后，必定会更加勉励行善。张扬他人的过失或缺点，就是做了一件坏事。如果指责批评太过分了，还会给自己招来灾祸。

我们可以理解为：当我们看到别人有善的地方，有优点、有好处，我们要称赞，因为当我们称赞他的优点、长处，这是对那个人的勉励。在勉励他的时候，他听到你这样赞美他，他就会更加努力积极向上，把他的善处、优点发扬下去。假如我们到处去讲、宣扬人家的过失、人家的恶，自己就是犯了恶，因为讲人家的过失，你可能跟被你讲的那个人结了怨，他对你怀恨在心，如果你宣扬得很严重，可能会结下大怨，给自己招来灾祸。

【经典故事】

故事一 忘年交

贺之章是唐朝著名的诗人，他性格直爽，豁达健谈，当时的达官贤士都很仰慕他，都愿意和他交谈，他虽然名气很大，但爱才若渴，热情地提携讲坛后辈。当他在京城身居要职时，李白还是一个初露头角的诗人。贺之章读了李白的《蜀道难》一诗后，赞叹不已，称李白是“谪仙”。两人见面后，虽然年龄相差四十多岁，但却一见如故，成了忘年之交。后来，在他的推荐下，李白名震天下，后来成了人人赞叹的“诗仙”。

故事二 灌夫扬人恶的后果

灌夫是汉朝的一名将军，勇猛善战，嫉恶如仇。但他有个缺点，就是脾气太直，说话不分场合，不讲究方式。就是这样的性格使他得罪了不少人，特别是和当时的丞相隔阂最大。有一次，在丞相的婚宴上，灌夫因为一杯酒和丞相争吵起来，气愤至极的他，就把丞相平时所做的坏事都说了出来，以至于搅散了宴会。丞相是皇上的舅父，皇上当然不会放过他，最后灌夫被捕处死。这就是灌夫不讲究方式，不注意策略而行事的结果。

【案例介绍】

2004 年发生了大学生马某杀人案，他杀了四个同学，在教育界造成了很大的震撼，引起了很多人的反思。一个大学生还这么年轻，没有跨入社会，为什么会做出这样违背人性的事情？原因是，这些同学讥笑他、辱骂他，所以他的怨气慢慢积攒起来，等到忍受不了的时候，才会做出这种丧失人性的事情。马某的同学没学过《弟子规》，假如他们学过“扬人恶，即是恶；疾之甚，祸且作”，就不会出现这样的悲剧。这四个同学会惹来杀身之祸，主要是瞧不起人，言语过分刻薄，而且公然讲别人的过失，对马某来说是很难接受的，而且他也在集体当中越来越难生存。俗话说“狗急跳墙”，因而引来了杀身之祸。另外有一个同学幸免，逃过一劫，原因是他曾经主动帮马某盛过一次饭，马某放在了心上。所以每个人都有良知，再恶的人也记得别人对他的好处。

【分析讨论】

结合相关知识，谈谈你对马某事件的看法。

【思考题】

1. 如果你听到别人背后称赞你，或者说你坏话，你的反应是什么？

2. 生活中，你是否经常拿同学开玩笑没有注意分寸？

【作业题】

1. 通过学习《弟子规》，我明白了______________________________。
2. 通过案例学习，我知道了______________________________。
3. 通过案例分析，我认识到______________________________。

【落实行动】

1. 待人和气，言语不要刻薄，要用真诚之心来说话。

2. 用宽容之心对待他人的言语打击，以自己的行动证明实力。

第九节　做一个敢于规劝，善于交心的人

Shàn	xiāng	quàn	dé	jiē	jiàn	Guò	bù	guī	dào	liǎng	kuī
善	相	劝	德	皆	建	过	不	规	道	两	亏

【语句释文】

本意为：朋友之间应该互相规过劝善，共同建立良好的品德修养。如果有错不能互相规劝，两个人的品德都会有缺陷。

我们可以理解为：在跟朋友交往的时候，要劝人向善，这样的话对两个人都有好处，两个人都要尊敬道德，如果你看见他有过失，你不去规劝，那么两个人的品德都有缺陷，不是真的朋友。

【经典故事】

真正的友谊

南北朝时期，崔瞻和李概是一对很好的朋友。他们两人可不是一般的玩伴。他们常常聚在一起，谈天说地，赋诗唱答，一起学习和促进，如果对方有什么缺点，就会毫不客气地指出来。后来，李概要回老家了，崔瞻十分难过，他给李概写了一封信，信中说："意气用事，仗气喝酒，是我经常犯的毛病。有你在，总是毫不犹豫地教训我，如今你走了，谁可以指出我的缺点呢！"足见两人友情的深厚。

【案例介绍】

卢学康和卢子建是从小一起在农村长大的朋友，初中毕业两人一起到南宁某技校就读同一专业，同住一个宿舍，卢学康逃课去上网，担任班长的卢子建总是替他隐瞒，因为只要班上有同学对卢子建不服，卢学康就威胁甚至打同学。每次卢学康不来上课，卢子建就跟任课老师说他请假了，班主任批的假条忘记带来了。卢学康来南宁之后，在社会上认识很多朋友，半夜查房后有几次爬墙出去跟社会上的朋友喝酒。卢子建并没有劝告朋友，反而一次次替朋友隐瞒。有一天晚上，公安局的人到学校把卢学康带走了，之后再也没有看见他回来上课。后来，从家里人那里听说，卢学康在被抓的前晚爬墙出去给朋友过生日，由于喝酒后发生冲突，双方打架，卢学康这边的人把对方一个人打死了，卢学康参与了这次打架。卢学康被抓后，卢子建因为包庇同学，被撤掉了班长职位。卢子建知道真相后，非常后悔当初没有及时劝告卢学康要好好学习。作为好朋友，自己根本没有做到“善相劝”的义务，也是“过不规，道两亏”的典型案例。所以，这一句教诲，就是教导我们对家亲眷属、领导、同事、朋友、同学等的过错，有“善相劝”的责任和义务。

【分析讨论】

结合相关知识，谈谈你对卢子建的看法。

【思考题】

1. 你期待的朋友是什么样子的？

2. 生活中，你看到朋友犯错的时候，你会怎么做？

3. 如果朋友犯错，你规劝不成功，你认为是什么原因？

【作业题】

1. 通过学习《弟子规》，我明白了______________________________。
2. 通过案例学习，我理解了__________________________________。
3. 通过案例分析，我提高了__________________________________。

【落实行动】

1. 劝诫朋友改正过失是为人朋友的本分。

2. 帮助别人越多，就越能体会别人的需要，把事情做得圆满。

3. 劝人要注意态度和方法，不要强势地规劝。

4. 与朋友之间建立信任。

第十节　做一个懂得礼让的人

Fán 凡	qǔ 取	yǔ 与	guì 贵	fēn 分	xiǎo 晓	Yǔ 与	yí 宜	duō 多	qǔ 取	yí 宜	shǎo 少

【语句释文】

本意为：凡是和人有财物上的往来，应当分辨清楚不可含糊。或者，财物给予他人应该慷慨多布施；取用别人的财物就应少取一些，才能广结善缘，与人和睦相处。

我们可以理解为：凡是与人交往，别人赠与自己的东西一定要清楚，将来有机会回馈的时候，一定不能比他给我的少。给予别人的时候不要太计较，给得多，向别人索取的要少。同时，为人处世要懂得向社会、向大众布施的要多，看到别人有需要，应该伸出援手，凡是不义之财不能取，向别人索取少甚至不索取。

【经典故事】

士选让产

古代张士选，幼年时就失去了父母，靠着叔叔养育教诲他。等到张士选十七岁的时候，他祖父遗下的家产很多还没有分过，他的叔叔就对士选说："现在我和你把祖父遗下的家产分做两份，各得一份。"可是张士选说："叔叔有七个儿子，应当把家产分做八份才好。"叔叔不肯，极力主张两等分，然而张士选看到叔叔这样坚持，更加礼让。最后叔叔没办法就答应了，把所有的财产分成八等份。

张士选十七岁，就被推荐进京城参加考试，同时被推荐参加考试的有二十几位。那时有位精通相学的术士指着张士选说："今年高中状元的，就是这位少年啊！"同辈的人听到了，都大笑不已，并且反驳相士的说法。相士说："做文章这件事情，不是我所能够了解的，但是这位少年，他满脸都充满着积了大阴德的气象，这一定是他做了大善事的缘故，所以我才敢断定他今年必定高中状元啊！"果然张士选考中，名传金殿。

【案例介绍】

陈某是家里的独子，现就读于某技校二年级。该学校因对其中一个学生食堂进行改建，导致另外一个饭堂出现到吃饭时间学生多，就餐难，就餐拥挤的情况。在某一天中午下课后，陈某正常去食堂打饭，本来他非常有秩序地排队，但是前面突然有同学插队，他非常看不惯，就说："前面那位同学请不要插队。"可是那位同学并没有理会，陈某又大声地说了两遍，后面按秩序排队的同学也跟着不满起来，纷纷指责插队的同学。那位同学恼羞成怒，转身推了陈某，陈某气不过，也反推了回去。插队的同学突然直接拿起筷子向陈某头上戳去，谁知道陈某一躲闪，就被戳到了眼睛，围观的同学纷纷上来阻止。看到陈某的眼睛被戳伤了，插队的那位同学也顿时觉得后悔不已，连忙道歉。事后，陈某说道：“要是排队就餐的时候能够做到文明用餐，礼让为先，大家都有秩序地排队打饭、打菜，那么既方便了自己，也方便了他人。”

【分析讨论】

结合相关知识，通过《弟子规》如何看待这个案例？

【思考题】

1. 遇到好吃的，是先让给长辈，还是使劲往自己碗里夹？甚至看到其他人多吃，自己少了时会不高兴吗？

2. 在饭堂打饭时候，你是否有过插队的现象？

3. 在生活中，我们如何做到一个懂礼让的人？

【作业题】

1. 通过学习，我明白了____________________。
2. 通过案例学习，我懂得了____________________。
3. 通过案例分析，我体会到____________________。

【落实行动】

1. 好好学习技能，踏实做事，将来回报父母的养育之恩。

2. 与他人有财物上的来往，就要分清楚，不要模糊不清。

3. 在为人处事中，要学会礼让为先。

第十一节　做一个不强人所难的人

Jiāng	jiā	rén	xiān	wèn	jǐ	Jǐ	bú	yù	jí	sù	yǐ
将	加	人	先	问	己	己	不	欲	即	速	已

【语句释文】

本意为：事情要加到别人身上之前（要托人做事），先要反省，问问自己：换作是我，喜欢不喜欢，如果连自己都不喜欢，就要立刻停止。

我们可以理解为：当我们要对人说话或者让人做事的时候，必须先问问自己：别人如果这样对我们，我们能够接受吗？喜欢吗？如果我们不希望别人这样对自己，那我们就不应该这样对待别人。

【经典故事】

推己及人

东汉末年，曹操在和袁绍作战时，处于下风，他的许多部下对胜利没有信心，都和袁绍进行联络，以防后路。后来官渡之战后，曹操打败了袁绍，从袁绍那里缴获了这些书信，曹操看也不看，就让人烧毁了。有人问曹操，为什么不查查是哪些人和袁绍勾结。曹操说："这些跟我打仗的人谁没有家庭儿女，人在绝望时也会找出路。当时，我也没有信心，何况他们？所以不能去追问了。"曹操在这里遵循了推己及人的原则。

【案例介绍】

小明的父亲是一家五星级酒店的厨师，从小就能经常吃到各种各样美味的菜肴，希望长大以后也能像父亲一样去学厨师。初中毕业后，父亲强烈反对小明去学厨师，他做厨师那么多年，觉得厨房很热，夏天时温度至少有50℃，油烟很大。父亲觉得现在汽车维修行业发展越来越好，希望儿子从事汽车维修行业，强迫儿子学习汽修专业。小明入学以后，每天上课都提不起精神，不是睡觉就是玩手机，对学习一点都提不起兴趣，每学期期末考试总有挂科科目。班主任注意到了小明的厌学心理，找了小明谈话，了解到原来小明希望成为一名厨师，而且讲起菜谱来头头是道。于是班主任给小明的父亲打了电话，进行了深入交流，希望小明的父亲能够支持儿子的兴趣爱好。小明的父亲在与小明谈话后，将小明转到了学校的中式烹饪专业。最后，小明从学校顺利毕业，并取得了中级厨师证书。

【分析讨论】

结合相关知识，请分别从小明和他父亲的角度思考各自的出发点。

【思考题】

1. 当别人将不喜欢的东西送给你，刚好是你所需要的时候，我们应该怎么做？

2. 假如你站在讲台讲话，底下的同学吵吵闹闹，你是什么感受？

3. 如果你喜欢抽烟、酗酒、上网，父母跟老师对你进行劝阻的时候，你怎么去理解《弟子规》的这句话？

【作业题】

1. 通过学习《弟子规》，我理解了＿＿＿＿＿＿＿＿＿＿＿＿＿＿＿＿＿＿＿＿。
2. 通过案例学习，我认识到＿＿＿＿＿＿＿＿＿＿＿＿＿＿＿＿＿＿＿＿＿＿。
3. 通过案例分析，我觉得＿＿＿＿＿＿＿＿＿＿＿＿＿＿＿＿＿＿＿＿＿＿＿。

【落实行动】

1. 己所不欲勿施于人。

2. 以恭敬之心待人。

3. 尊重他人的人格，尊重他人意愿以及个性自由。

4. 父母都是爱自己的，当父母强迫你去做一件事情的时候，先站在父母的立场考虑，实在不行，学会跟父母有效沟通。

第十二节　做一个知恩图报、少抱怨的人

Ēn yù bào yuàn yù wàng　Bào yuàn duǎn bào ēn cháng

恩欲报　怨欲忘　抱怨短　报恩长

【语句释文】

本意为：受人恩惠，要时时想着报答，别人有对不起自己的事，应该宽大为怀把它忘掉，怨恨不平的事不要停留太久，过去就算了，至于别人对我们的恩德，要感恩在心常记不忘，常思报答。

我们可以理解为：别人对我有恩，要常常记在心里，知恩报恩。对怨恨，别人对不起我，我应该要把它忘掉，不要放在心上。我们抱怨，心里面对它有不平，有怨恨，念头刚起这一刹那，我们就要把它压下去，不能够让它长期地存在。所以，要放下自己内心的对一切人的冲突、对一切人的怨恨。当我们放下一切怨恨的时候，我们会突然发现，原来天地这么美好，心境会放开，真是退后一步，海阔天空。

【经典故事】

大度的狄仁杰

狄仁杰是武则天时的名臣。有一次，武则天对他说："虽然你政绩突出，可还有许多同僚说你的坏话。你想知道他们是谁吗？"狄仁杰说："臣本不才，别人批评臣，正是对臣的监督和爱护。如果陛下认为臣做得不对，臣愿意明白自己的过失并改正；如果陛下明察，认为臣做得对，不相信流言，那是臣的荣幸。既然如此，臣何必知道他们的姓名呢？"武则天听后，大为赞叹，认为狄仁杰确实有大臣的风度。

【案例介绍】

2012 年，许涛还是北京化工大学即将读大四的学生，当年 6 月他的父亲查出患有急性髓性 M1 型白血病，急需至少 40 万元的治疗费用，但因家庭经济困难无法承担，因此许涛通过微博募捐救父。许涛在募捐网贴中写道："我以人格作保向您筹借善款……我希望您给我一个详细的账号，我会在 3～5 年内把钱打给您。因为是借，我承诺每年支付 5%的利息给您。无论我以后从事什么样的工作，或是工作的变动或升迁，我都会及时将我的联系方式和所有情况公开，不会让您找不到我。"从当年 6 月发起网络求助到次年 2 月，许涛共收到千余名网友的善款 57 万元。时隔 3 年，曾经给许涛捐款的曾鹏宇收到许涛寄回的钱款——在原来捐款的基础上，还多出了 10%利息。这一践行承诺的举动感动许多网友，网友们纷纷为其点赞。

【分析讨论】

结合相关知识，谈谈你对"滴水之恩当涌泉相报"的理解？

【思考题】

如果你是案例中的许涛，你会怎么做？

【作业题】

1. 通过学习，我明白了____。
2. 通过案例学习，我理解了____________________________________。
3. 通过案例分析，我认为______________________________________。

【落实行动】

1. 得到别人的帮助，要常怀感恩之心。

2. 不要把怨恨放在心上，处罚自己，苦恼自己。

3. 有误会要坦诚相待，及时消除误解。

第十三节　做一个讲道理的人

Shì	fú	rén	xīn	bù	rán	Lǐ	fú	rén	fāng	wú	yán
势	服	人	心	不	然	理	服	人	方	无	言

【语句释文】

本意为：权势可以使人服从，虽然表面上不敢反抗，心中却不以为然。唯有以道理感化对方，才能让人心悦诚服而没有怨言。

我们可以理解为：假如我们是用权势、用地位去压制别人，他的心不会很服气，虽然表面上还是对我们毕恭毕敬，离开了他的视线以后会怎么样？他可能就变一个脸，开始数落我们。假如我们给予别人的尊重是表面的，那我们应该好好反省，因为这样的尊重是很虚假的。对待别人要平等、关怀，才能让人心平气和，赢得别人真正的尊重。

【经典故事】

负荆请罪

战国时，廉颇和蔺相如同在赵国做官。廉颇战功卓著，被封为上卿；而蔺相如在出使秦国后，也被封为上卿，地位在廉颇之上。廉颇不服，想羞辱蔺相如。蔺相如知道后，总是刻意回避廉颇，以免发生冲突。他说："秦国所以害怕赵国，是因为有我们两人，如果我们两人相斗，国家就危险了。"廉颇知道后，感到很难过，脱了上衣，背着荆条到蔺相如门前谢罪，从此两人成了同生死共患难的朋友。

【案例介绍】

钟某从部队退伍后，到了南宁一所技工院校就读学习技能。由于在部队当过兵，新生一开学他就担任了班长。但是到后来，班主任从体育老师处了解到，有一次体育课，体育老师让班上的同学黄某站好一点，黄某似乎没有反应，班长钟某马上冲过去踢了黄某一脚，黄某马上乖乖站好，体育老师反映班长总是能主动帮助他维持好纪律，就是感觉有点暴力。班主任想从同学中了解班干部的管理情况时，同学们对于班长总是不愿评价，表现出不愿意回答的样子。最终，班主任还是通过各种途径了解到：原来钟某在班上对于有不满的同学，回到宿舍就打，并且警告不允许告诉家人和老师。因为钟某有当兵的经历，同学们都是敢怒不敢言。后来班主任对钟某进行了一次谈话，让他逐渐认识到自己的优势以及不足：一个有方法的班干部，不是用武力解决问题的，而且让别人对自己真心诚意地佩服。之后，钟某在全班同学面前做了一次深刻的检讨，向使用过暴力的同学道歉，希望得到同学的谅解，并且愿意继续为班级服务。同学们听后，全班鼓掌表示对钟某的信任。

【分析讨论】

结合相关知识，谈谈你对钟某使用暴力对班级进行管理的看法。

【思考题】

1. 对于有些同学，从小父母和老师的教育，都让他们感觉唠叨，面对这样讨厌说教的同学，你觉得用什么方法教育更合适？

2. 生活中，你在什么情况下有过使用暴力的冲动？

【作业题】

1. 通过学习《弟子规》，我明白了______________________________。
2. 通过案例学习，我认为________________________________。
3. 通过案例分析，我懂得了______________________________。

【落实行动】

1. 以权势压人，得不到真正的友谊。

2. 虚心接受师长的教导，学会自我反省。

3. 与人相处，真诚相待。

第七章　亲　仁

第一节　做一个善于结交良师益友的人

Tóng	shì	Rén	lèi	bù	qí	Liú	sú	zhòng	rén	zhě	xī
同	是	人	类	不	齐	流	俗	众	仁	者	希

【语句释文】

本意为：同样是人，类别却不一样。流于世俗的人多，品行高尚的仁者却很稀少。

我们可理解为：同样是人，人的品行却有不同。生活中我们到处可以看到随波逐流的人很多，品行高尚的人却少。

【经典故事】

物以类聚，人以群分

战国时期，齐国有一位著名的学者名叫淳于髡[kūn]。他博学多才，能言善辩，被任命为齐国的大夫。他经常利用寓言故事、民间传说、山野轶闻来劝谏齐王。有一次，齐宣王想攻打魏国，积极调动军队，征集粮草补充兵源，使得国库空虚，民间穷困，有的百姓已经逃到其他国家去了。淳于髡对此十分担忧，他就去求见齐宣王，齐宣王爱听故事，淳于髡投其所好，讲了一个黑狗与兔子赛跑，双双累死山腰，被农夫捡到当盘中餐的故事。齐宣王听出淳于髡语中有话，认为很有道理，立刻下令停止攻打魏国。齐宣王喜欢招贤纳士，于是让淳于髡举荐人才，淳于髡一天之内接连向齐宣王推荐了七位贤能之士。齐宣王很惊讶，就问淳于髡说："寡人听说，人才是很难得的，如果一千年之内能找到一位贤人，那贤人就好像多得像肩并肩站着一样；如果一百年能出现一个圣人，那圣人就像脚跟挨着脚跟来到一样。现在，你一天之内就推荐了七位贤士，那贤士是不是太多了？"淳于髡回答道："不能这样说！要知道，同类的鸟儿总聚在一起飞翔，同类的野兽总是聚在一起行动。人们要寻找柴胡、桔梗这类药材，如果到水泽洼地去找，恐怕永远也找不到；要是到梁文山的背面去找，那就可以成车地找到，这是因为天下同类的事物，总是要相聚在一起的。我淳于髡大概也算个贤士，所以让我举荐贤士，就如同在黄河里取水，在燧石中取火一样容易，我还要给您再推荐一些贤士，何止这七个？"

【案例介绍】

莫泊桑（1850－1893），19 世纪后半期法国优秀的批判现实主义作家。一生创作了 6 部长篇小说和 356 篇以上中短篇小说，他的文学成就以短篇小说最为突出，被誉为“短篇小说之王”，对后世产生极大影响。其作品以布局结构的精巧、典型细节的选用、叙事抒情的手法以及行云流水般的自然文笔，给后世作家提供了楷模。莫泊桑并没有一个和睦的家庭，他的父母感情不和，父亲是一个商人，而母亲却是一个书香门第的大家闺秀。可怜的莫泊桑出生之后不久，他的父母就分居了。莫泊桑跟着母亲生活，他们住在海边的一座别墅里。幼年的莫泊桑还体会不到家庭不幸的痛苦，整日无忧无虑，又聪明又活泼，母亲看在眼里，非常欣慰。

母亲非常爱自己的儿子，并对他抱有很高的期望。她亲自教他读拉丁文，启发鼓励他写诗。但是，她常常看着儿子出神地想，仅仅靠自己教育儿子是远远不够的。想要儿子成才，必须给他找一个好老师。这样，也可以弥补她因为没有给儿子一个幸福家庭的愧疚。于是，母亲开始到处打听，给儿子寻找一个好老师。莫泊桑的舅舅是一位诗人和小说家，和当时的大文豪福楼拜曾是好朋友。由于这层关系，莫泊桑的母亲也和福楼拜比较熟。她有一天忽然想，如果让福楼拜来做儿子的老师，多好啊！但是，福楼拜哪能轻易就给一个普通孩子做老师呢？母亲在房间里踱来踱去，决心尽最大努力，争取让福楼拜教导儿子。于是，她开始加紧对儿子学习的指导，培养他对文学更深的爱好。不失时机地鼓励儿子多写东西，而儿子一旦写了，她就仔细地保存下来，哪怕有时只是一些散乱的片断。因为她希望有朝一日能够拿给福楼拜看，得到他的指点。莫泊桑看到母亲如此认真地对待自己的“作品”，不好意思写一些敷衍了事的诗歌或文章给母亲留着——那样实在太丢脸了！因此，他常常独自在房间里苦苦思索，或者去海边散步寻找灵感，或者读一些大家的作品充实自己。就这样，他的写作进步越来越大。

没有找到福楼拜做老师之前，母亲为儿子找的老师叫布耶，也是当地一个有名的人物，并且，他和福楼拜也是好朋友。莫泊桑的母亲的一番苦心，老师布耶时常看在眼里，非常为之感动。他有一次正好要去拜访福楼拜，想到莫泊桑母亲的心愿，他就带上了孩子一起去。临行前，母亲把莫泊桑的作品挑出一些让他们带上，希望可以得到大师的指点。果然，到了福楼拜家以后，福楼拜很认真地看了这些诗作，和他们一起分析，而且还提出了自己的意见。最后，他还爽快地答应收莫泊桑做自己的学生。莫泊桑欢快地跑回家，兴奋地告诉了母亲这个好消息。母亲一边在胸前划着十字，一边忍不住流下了激动的眼泪。是啊，她的心愿终于实现了！

后来，在福楼拜的严格要求和精心指点之下，莫泊桑成功地走上了文学之路。福楼拜和莫泊桑的师生之谊，是世界文坛上的一段佳话，可是又有多少人知道这背后隐含着一位母亲的良苦用心呢！纵观古今中外，有所作为的人大多都有一两个好老师的教导。遇到好老师不仅仅是靠运气，有时候还需要像福楼拜的母亲这样，努力去争取。如今的孩子的教育，主要是依靠学校和家庭。两方面的协调和交流，就显得尤其重要。把孩子送到学校读书就撒手不管不顾的做法，实在是很落后、很不科学的教育方法。当然，也有很多父母非常重视为孩子选择老师。比如趋之若鹜地让孩子去重点学校，有时候甚至不惜想尽一切办法，花再多钱也不心疼。这种心情，和莫泊桑的母亲如出一辙。但是，为孩子选择好的学校、好的老师，还需要有冷静理智的眼光。不是仅仅追求“重点”那么简单！结合孩子自己的特点，为他选择合适的老师和环境，才是明智之举。

【分析讨论】

结合《弟子规》相关知识的学习，你认为是什么原因使得莫泊桑有如此伟大的成就？

【思考题】

1. 人生在世，我们都要跟各种各样的人打交道，想一想你有足够的能力应对了吗？

2. 同样是人，人的品行习性却不一样，谈一谈你会选择什么样的人做你的朋友？

3. 当有人教唆你做一些违法乱纪的事时，你会怎么做？

【作业题】

1. 通过学习《弟子规》相关内容，我明白了________________________。
2. 通过案例学习，我学会了________________________________。
3. 通过案例分析，我提高了________________________________。

【落实行动】

1. 做一个品行高尚的人，让人乐意与你做伴。

2. 交朋友贵在真诚相待、互促互进、共同进步。

3. 要明白真正的朋友不会教你抽烟、喝酒、玩通宵游戏，不会要你带棍棒去与人谈判，这样的朋友要远离。

4. 珍惜你周边每一个和你同欢笑、共奋进的人。

第二节 做一个不卑不亢的人

Guǒ	rén	zhě	rén	duō	wèi	Yán	bú	huì	sè	bú	mèi
果	仁	者	人	多	畏	言	不	讳	色	不	媚

【语句释文】

本意为：真正的仁者，大家都会敬畏他。仁者说话不会故意隐讳，扭曲事实，脸色也不会向人故意谄媚求好。

我们可以理解为：一个真正具有道德品行的人，大家都会尊重和敬畏他。像这样的人，无论何时何地说话做事都是不卑不亢的，不会故意隐讳、扭曲事实，也不会故意讨好谄媚别人。

【经典故事】

任贤受谏

唐太宗李世民在历史上一直是一位开明的君主，当时有一位很正直的且受人尊敬的大臣，名叫魏征。魏征说话很直率，常常当众指出唐太宗的错误。李世民是杀了想害死他的哥哥太子李建成才登上皇位的。魏征原本是太子李建成手下的重要谋士，唐武德七年（即公元624年）夏，太子李建成和齐王李元吉暗中下毒要谋害秦王李世民。李世民为此吐血三天，险些丧命，此时魏征让太子李建成早动手除掉李世民以绝后患，李建成觉得时机不成熟不同意。当李世民登上皇位之后，改元贞观，是为唐太宗。李世民知道，之前李建成谋害他的许多主意都出自魏征。李建成死后，逃亡的魏征被人抓了回来，李世民亲自审问魏征："你何为离间我们兄弟！"魏征不卑不亢地答道："先太子早听我的计谋，怎么会落得如此的下场。"李世民听了，知道魏征傲骨非常，临危不惧，是不可多得的人才，不但没有治他的罪，反而立即下令开释魏征，还拜魏征为詹事主簿，唐太宗李世民从此更加欣赏和信赖魏征。事实证明，魏征后来确实也成为太平盛世"贞观之治"唐太宗李世民的"人镜"。

【案例介绍】

陆某在一家汽车 4S 店担任销售经理。一天有一位自称不久前在这买了一辆车的林某来到公司嚷嚷着要找领导讨说法。了解情况后陆某立即叫人把林某请到了自己办公室，认真倾听林某对本公司及所买车子的不满。原来林某为一名新车手，上路经验不足，对于刚买的车子很是宝贝，动不动就紧张，常来电投诉，殊不知是因为自己太过于紧张和对车子的不够了解才会导致车起动时出现熄火和车身被外物刮痕的情况。弄清事情的来龙去脉后，陆某分别从公司的诚信、品质、服务三个方面入手向林某分析问题所在，并提出对应的解决办法，如此一来不但拉近了两人关系，还让林某对公司车子产生了信赖感，更赢得了林某对公司及自己所买车子的认同。经过进一步商谈，林某同意了公司的解决问题的意见，但最后商议关于车身被硬物刮痕时提起费用由公司来买单，陆某一方面从容而直截了当地说："这是您个人行为不当而造成的，费用得由自己承担！至于其他技术问题，我们可以免费给您指导。"另一方面详细介绍公司的销售制度，并帮林某分析了车子市场，使其打消了对公司信誉及所买车子的质量问题的顾虑。经过陆某的不懈努力和公司技术人员的耐心指导，最终使林某对爱车越来越喜欢，还坦言会介绍自己的朋友来公司买车。作为公司一名销售经理，面对客户无理取闹、故意找碴，陆某的"言不讳，色不媚"确实值得我们学习。

【分析讨论】

结合《弟子规》相关知识的学习，你认为销售经理陆某在与客户打交道时，最值得我们学习的地方是什么。

【思考题】

1. 当你的为人遭到他人质疑时，你会做出什么反应?

2. 想一想在你遇到突发困难时，你会如何处理?

3. 假如有一天你的前途和道德双方相抵触时，你如何选择?

【作业题】

1. 通过学习《弟子规》相关内容，我明白了________________________________。
2. 通过案例学习，我学会了____。
3. 通过案例分析，我提高了____。

【落实行动】

1. 无论何时都要有立场，并且处处做到以身作则。

2. 面对学习工作的偶然性，要有平和的心态。

3. 要尊重问题，平等待人，把自己的优势充分展示。

4. 要有敏锐的洞察力，尽可能避免不必要的纠纷。

第三节　做一个积极向上的人

Néng	qīn	rén	wú	xiàn	hǎo	Dé	rì	jìn	guò	rì	shǎo
能	亲	仁	无	限	好	德	日	进	过	日	少

【语句释文】

本意为：能够亲近仁者并向他学习，自己会得到很多好处，品德自然进步，过错也跟着一天天减少。

我们可以理解为：在我们人际交往中，应该多和有德行的人亲近，这样我们会有很大收获，品德会一天天进步，自己身上的缺点会一天天减少，过错也能逐渐地一一改正。

【经典故事】

孟母三迁

孟轲是战国时期著名的思想家，相传他小时候，孟母为了教育他，曾经三次搬家。最早，孟轲家住在一片墓地附近，孟轲经常模仿出殡的场景。孟母怕孟轲误入歧途，就把家搬到了人多的集市上，孟轲又开始学着隔壁的商人杀猪卖肉。孟母十分担心，又把家搬到了一个学堂附近。从此，孟轲就跟着私塾里的先生专心学习礼仪，学业不断长进，孟母终于满意了，便长期定居下来。

【案例介绍】

我打开办公室的门，发现一个 12 岁左右的小姑娘正冲我憨厚地笑。“我叫哈切塔。我有一些新鲜的鸡蛋，想以最优惠的价格卖给您！”作为钢琴公司的老板，我见过的各类推销者不计其数。“你知道吗，哈切塔？长这么大我可从来没买过鸡蛋……”她打断我的话：“那您今天就买一回啊，给您的妻子和孩子做一份可口的煎鸡蛋。”我无法拒绝这样一个热情的孩子，当我把 5 美元交给哈切塔时她却坚决不收。“以后每周我都会给您送鸡蛋，我想用我的鸡蛋钱，在您这里订购一架红木钢琴。”我目瞪口呆。公司的钢琴最便宜的也要 30 万美金，哈切塔居然想用鸡蛋交换！而我想那一刻我大概是疯了，因为我竟然答应了她的请求。“你长大以后想当钢琴家吗？”哈切塔说：“不，是我妈妈看中了这架红木钢琴。”她的妈妈曾是一名钢琴演员，如今患眼病而失明，丈夫也弃她而去。我答应哈切塔帮她完成心愿。回到家，我生平第一次煎了两只鸡蛋，妻子和女儿边含泪吃着鸡蛋边说着：“我爱你”。我这才发现：原来多少黄金也买不回一只煎鸡蛋的幸福。接下来的三年，哈切塔每周都会送来鸡蛋。这个可爱执拗的姑娘，让我从一个钢琴经销商变成了一个鸡蛋推销员，我不得不把它们分卖给员工和朋友们。当哈切塔卖给我 5 万美金的鸡蛋时，我视她交清了首付款，把那架 90 万美元的红木钢琴送去了她家。哈切塔的母亲激动地弹了一支优美的曲子，名叫《献给女儿哈切塔》。后来，我以高薪将哈切塔聘请成为我的钢琴商场的售货员，因为这世上，只有她敢用鸡蛋来跟芝加哥最大的钢琴销售商换昂贵的钢琴。2005 年底，22 岁的哈切塔终于从我这里取走了账簿，她已经还完了全部钢琴款。

【分析讨论】

结合《弟子规》相关知识的学习，你觉得哈切塔什么精神最值得我们去学习？

【思考题】

1. 想一想你是否产生过“自己是一个成绩差、没人爱，又一无是处的人”的想法呢？
2. 你认为学习成绩的好与坏是否直接影响个人的成功？
3. 在迷茫和挫折面前，你会选择自甘堕落还是积极面对？

【作业题】

1. 通过学习《弟子规》相关内容，我明白了________________________。
2. 通过案例学习，我学会了________________________________。
3. 通过案例分析，我提高了________________________________。

【落实行动】

1. 做一个自信乐观，有积极进取精神的人。
2. 选择对自己做人学习有帮助的良师益友。
3. 要有认识纠正错误的勇气和决心。
4. 面对用心良苦的父母，我们要以优异的成绩回报他们。

第四节　做一个谨慎自律的人

Bù qīn rén　wú xiàn hài　Xiǎo rén jìn　bǎi shì huài
不 亲 仁　无 限 害　小 人 进　百 事 坏

【语句释文】

本意为：如果不肯亲近仁者，无形中就会产生许多害处，小人就会乘虚围绕身边，那样我们就会做错很多事。

我们可以理解为：在生活工作学习中，如果我们不和品德好的人亲近，自己会有很大的害处，和那些乘虚接近你的品质恶劣的小人打交道，那样我们就会做错很多事。

【经典故事】

近墨者黑

齐桓公晚年时生活腐化，宠信易牙、开方和竖刁三人。易牙为让齐桓公尝到人肉的味道，不惜杀掉自己的儿子；开方为讨好齐桓公，15年不回家看父母；而竖刁为亲近齐桓公，主动阉割自己当宦官。管仲对易、开、竖三人很反感，多次提醒齐桓公说："像他们这样杀死自己的儿子、自己阉割自己、背弃父母的人是靠不住的。"后来，齐桓公病重，易、开、竖三人原形毕露，排斥异己，结党营私，并瞅准机会以加强治安为名，把齐桓公用高墙圈禁起来，还挂上了"寡人病中，请勿打扰"的大木牌，之后就对齐桓公不理不睬，最终齐桓公被活活饿死在床上。齐桓公饿死后尸体无人收殓，致使腐烂生蛆，惨不忍睹，一直过了两个多月，方才下葬。

【案例介绍】

时间观念反映着一个人的工作态度和生活态度。柳传志以“自律”在业界享有盛名。他就是以“管理自己”的方式“感召他人”。守信首先表现在他的守时上，柳传志本人在守时方面的表现让人惊叹。在20多年无数次的大小会议中，他迟到的次数大概不超过五次。

有一次他到中国人民大学去演讲，为了不迟到，他特意早到半个小时，在会场外坐在车内等待，开会前10分钟从车里出来，到会场时一分不差。

2007年上半年，温州商贸界邀请柳传志前往“交流”。当时，暴雨侵袭温州，柳传志搭乘的飞机迫降在上海，工作人员建议第二天早晨再乘机飞往温州，柳传志不同意，担心第二天飞机再延误无法准时参会，叫人找来“公务车”连夜赶路，终于在第二天早六点左右赶到了温州。当柳传志红着眼睛出现在会场，温州的那位知名企业家激动得热泪盈眶。

【分析讨论】

看了柳传志的案例，结合《弟子规》相关知识的学习，谈谈保持自律对我们的生活和工作有什么意义。

【思考题】

1. 想一想在你身边有没有严谨自律的同学？
2. 在结交朋友时你是否谨慎考虑过他（她）值不值得你的信任？
3. 你认为在光环的背后是不是更应该谨慎，更要懂得自律自爱呢？

【作业题】

1. 通过学习《弟子规》相关内容，我明白了____________________。
2. 通过案例学习，我学会了______________________________。
3. 通过案例分析，我提高了______________________________。

【落实行动】

1. 做一个善良的虚心人。
2. 亲近好人，远离坏人。
3. 辨别是非，谨慎自律。

第八章　余力学文

第一节　做一个德技兼修的人

Bú	lì	xíng	dàn	xué	wén	Zhǎng	fú	huá	chéng	hé	rén
不	力	行	但	学	文	长	浮	华	成	何	人
Dàn	lì	xíng	bù	xué	wén	Rèn	jǐ	jiàn	mèi	lǐ	zhēn
但	力	行	不	学	文	任	己	见	昧	理	真

【语句释文】

本意为：对于孝、悌、谨、信、泛爱众、亲仁这些应该努力实行的本份，不肯亲自实行，却只在学问上研究探索，这样最容易养成虚幻浮华的习性，怎能成为一个真正有用的人呢？但如果只重力行，对于学问却不肯研究，就容易执著自己的看法，而无法切合实际，蒙昧真理，这也不是我们所应有的态度。

我们可以理解为：不能亲自实行孝、悌、谨、信、泛爱众、亲仁这些本分，一味死读书，纵然有些知识，也只是增长自己浮华不实的习气，变成一个不切实际的人，如此读书又有什么用？如果只是一味地做，不肯读书学习，就容易依着自己的偏见做事，蒙蔽了真理，也是不对的。

【经典故事】

纸上谈兵

赵括是战国时期大将赵奢的儿子，从小熟读兵法，讲起战术来十分在行，赵奢却不以为然。这一年，秦国攻打赵国，赵国派大将军廉颇前去抵挡。廉颇很有经验，他根据敌强我弱的形势，采取坚守不出，保存实力的策略，有效地阻止了秦国的进攻。秦国见廉颇难对付，就采用了反间计，派人散布流言，挑拨赵王和廉颇的关系。赵王中计，派只会空谈兵法的赵括代替了廉颇。赵括没有分析敌情，轻率地改变了老将廉颇的战略，在秦军的引诱下出兵迎战，结果使40万大军全军覆没。

【案例介绍】

某中职学校同学梁某在一家条件非常好的维修企业顶岗实习，他一心想以后能留在这家企业继续做下去，为此他努力工作，自认为在顶岗实习期间表现很优秀，能与身边的领导和同事关系融洽，为人处事也不错，总之在这批同学当中他的表现挺突出。但是最后企业还是未能跟他签订聘用合同，这是为什么呢？原来，企业对这位同学在顶岗实习期间认真工作的态度是肯定的，但是在理论学习和操作技能方面还不行，而且该同学向来不爱刻苦钻研技术，总结经验，在一年的实习中，技术水平没有进步，达不到企业的用工标准。通过这次教训，梁某更加刻苦地学习汽车的理论知识和别人的成功经验，孜孜不倦地在知识的海洋中挖掘、探索新技术和新工艺，半年以后他顺利进了一家较好的单位。

【分析讨论】

结合《弟子规》相关知识的学习，谈谈你对梁某的看法。

【思考题】

1. 你认为道德修养与学习成绩同等重要吗？为什么？
2. 在校期间你打算如何加强自身道德修养？
3. 怎样做一个有知识有技术又有礼貌的中职生？

【作业题】

1. 通过学习《弟子规》相关内容，我明白了________________。
2. 通过案例学习，我学会了________________。
3. 通过案例分析，我提高了________________。

【落实行动】

1. 在学习上能将理论与实践紧密结合。
2. 多参加各种社团活动，注重提高自身综合素质。
3. 注重文明礼仪与专业知识德技双修。

第二节　做一个懂得学习的人

Dú	shū	fǎ	yǒu	sān	dào	Xīn	yǎn	kǒu	xìn	jiē	yào
读	书	法	有	三	到	心	眼	口	信	皆	要
Fāng	dú	cǐ	wù	mù	bǐ	Cǐ	wèi	zhōng	bǐ	wù	qǐ
方	读	此	勿	慕	彼	此	未	终	彼	勿	起

【语句释文】

本意为：读书的方法要注重三到，就是心到、眼到、口到。这三到都要实实在在地做到。在读这本书的时候，就不要想着去读那本书，这本书没有读完，另外一本书就不要拿出来读。

我们可以理解为：读书的方法要注重三到，眼到、口到、心到。三者缺一不可，如此方能收到事半功倍的效果。研究学问，要专一，要专精才能深入，不能这本书才开始读没多久，又欣羡其他的书，想看其他的书，这样永远也定不下心，必须把这本书读完，才能读另外一本。

【经典故事】

七录书斋

明朝时，有一个闻名一时的书斋——七录书斋，书斋的主人叫张溥。张溥是明代文学家。和历史上许多文学家相反，张溥小时候，天资并不聪颖。他喜欢读书可记性不好，读过的书很快就忘了，他因为背不出，气得常常骂自己笨。可是这有什么用呢？张溥感到：自责打骂是不能解决问题的，唯一的办法是比别人多用些功夫。于是，他想了一个办法：每读一遍文章，就整整齐齐地将文章抄上一遍，一边抄一边在心里默诵，抄完后朗读一遍，马上投入火炉烧掉，重新再抄一遍。这样往返六七次，抄一遍文章等于读了十几遍，而且是心到、眼到、口到，专心又仔细，自然非常熟了。古人说："读书破万卷，下笔如有神"。正是靠了这种扎扎实实的精神，张溥学到了许多东西，他著书立说，思路敏捷，文笔流畅。

【案例介绍】

读书是人类智慧的源泉，是人类进步的阶梯，也是打开知识大门的金钥匙。有一个故事让我们很感动。一个贫困县镇有一个名叫张敏的同学，家里贫穷，父母农务，他从小不爱学习，学习成绩就不好，每次考试都是倒数十位，在他小学四年级时就有缀学的想法。老师知道了，便上门去找张敏和他的父母做思想工作，抓住张敏家里贫穷，父母工作辛苦的特点，教育张敏必须好好读书才能走出贫穷，才能有出息，才能迈出自己的人生道路，现在努力还来得及……通过老师的耐心教育，张敏深刻领悟。从此以后，张敏刻苦学习，掌握学习方法，并养成爱看书、爱学习的好习惯。几年以后，张敏通过认真刻苦学习，考上了一所名牌大学。故事告诉我们，只要用心学习，保持良好的学习态度和方法，就能把知识学好，我们中职学校的学生更要在学习中做到眼到、心到、口到，而且还更要做到手到。

【分析讨论】

结合《弟子规》相关知识的学习，谈谈你的学习方法。

【思考题】

1. 你平时的学习注意力集中吗？
2. 你平时是如何看书学习的？

3. 你在学习中做到眼到、心到、口到、手到了吗？

【作业题】

1. 通过学习《弟子规》相关内容，我明白了______________________________。
2. 通过案例学习，我学会了_______________________________________。
3. 通过案例分析，我提高了_______________________________________。

【落实行动】

1. 讲究学习方法和学习态度。
2. 在学习中勤学习、勤思考、勤动手。
3. 学习要全神贯注。

第三节　做一个勤学好问的人

Kuān	wéi	xiàn	jǐn	yòng	gōng	Gōng	fū	dào	zhì	sè	tōng
宽	为	限	紧	用	功	工	夫	到	滞	塞	通
Xīn	yǒu	yí	suí	zhá	jì	Jiù	rén	wèn	qiú	què	yì
心	有	疑	随	札	记	就	人	问	求	确	义

【语句释文】

本意为：读书时要有规范，要有比较宽裕的期限，一旦做好计划就要赶紧用功。遇到滞塞难通的地方，更要专注研究，只要功夫到了，自然就能通达了解。有疑问的地方，经反复思考，还不了解的话，就用笔把问题记下来，向有关的师长请教，一定要得到正确的答案才可放过。

我们理解为：在制定读书计划的时候，不妨宽松一些，这样心里没有压力，但是工夫要用得紧，每天都要努力，不可以懈怠偷懒。日积月累功夫深了，原先窒塞不通、困顿疑惑之处，自然而然就都迎刃而解了。求学当中，心里有疑问，要马上把问题记录下来，一有机会就向良师益友请教，务必明白它的真义，一定要得到正确的答案才可通过，这是认真学习的态度。

【经典故事】

章学诚笨鸟先飞

章学诚是清代著名的史学家、思想家。他从小很笨，常挨老师的板子。同学们都笑话他，可他说：“记性差不要紧，我要笨鸟先飞。”一篇文章别人读几遍就读熟了，他要读几十遍甚至上百遍。凡是弄不明白的地方，他就抄下来问老师，或去查工具书。当他读到了《中庸》中的“人一能之，己百之，人十能之，己千之。果能此道矣，虽愚必明，虽柔必强”，这就是说，当别人的聪明智慧比我们好很多的时候，可能他一次就学会了，但是我们如果用一百次的功夫来反复训练，自己也可以达到，也可以像他人一样的；如果人家用十次功夫就学会了，就能达到，我们如果差一点，没有关系，就不要怕困难，我们用一千次，说不定就可以完成。章学诚突然豁然开朗，他说：“我终于明白了，我的学问为什么不好？就是我功夫没用到。”功夫不负有心人，章学诚的学问大有长进，终于成为一代学术大师。他的《文史通义》等著作，流传后世，影响至今。

【案例介绍】

伽利略 17 岁那年，考进了比萨大学医科专业。他喜欢提问题，不问个水落石出决不罢休。

有一次上课，比罗教授讲胚胎学。他讲道：“母亲生男孩还是生女孩，是由父亲的强弱决定的。父亲身体强壮，母亲就生男孩；父亲身体衰弱，母亲就生女孩。”

比罗教授的话音刚落，伽利略就举手说道：“老师，我有疑问。”

比罗教授不高兴地说：“你提的问题太多了！你是个学生，上课时应该认真听老师讲，多记笔记，不要胡思乱想，动不动就提问题，影响同学们学习！”“这不是胡思乱想，也不是动不动就提问题。我的邻居，男的身体非常强壮，可他的妻子一连生了 5 个女儿。这与老师讲的正好相反，这该怎么解释？”伽利略没有被比罗教授吓倒，继续反问。

“我是根据古希腊著名学者亚里士多德的观点讲的，不会错！”比罗教授搬出了理论根据，想压服他。

伽利略继续说：“难道亚里士多德讲的不符合事实，也要硬说是对的吗？科学一定要与事实符合，否则就不是真正的科学。”比罗教授被问倒了，下不了台。

后来，伽利略受到了校方的批评，但是，他勇于坚持、好学善问、追求真理的精神却丝毫没有改变。正因为这样，他才最终成为一代科学巨匠。

【分析讨论】

结合《弟子规》相关知识的学习，谈谈你对伽利略的看法。

【思考题】

1. 谈谈你对《弟子规》中提出的学习方法的看法？
2. 你在学习中遇到困难时会怎么做？
3. 你制定过学习计划吗？

【作业题】

1. 通过学习《弟子规》相关内容，我明白了＿＿＿＿＿＿＿＿＿＿＿＿＿＿＿。
2. 通过案例学习，我学会了＿＿＿＿＿＿＿＿＿＿＿＿＿＿＿＿＿＿＿＿。
3. 通过案例分析，我提高了＿＿＿＿＿＿＿＿＿＿＿＿＿＿＿＿＿＿＿＿。

【落实行动】

1. 认真学习，认真听课，做到勤学、勤问、勤练。

2. 学习中遇到困难及时解决。

3. 制定规范的学习计划，并按计划逐步实施。

第四节　做一个健康向善的人

Fēi shèng shū　bǐng wù shì　Bì cōng míng　huài xīn zhì
非圣书　屏勿视　敝聪明　坏心志

【语句释文】

本意为：如果不是讲圣贤道理的书籍，一概摒除一旁不要理它，因为书里面不正当的事理会蒙蔽我们的聪明智慧，会败坏我们纯正的志向。

我们可以理解为：不是讲述先进思想的著作，以及有害身心健康的不良书刊，都应该摒弃不要看，以免身心受到污染，智慧遭受蒙蔽，心志变得不健康。

【经典故事】

读书的味道

晋朝大诗人陶渊明小时候，读书很用功。他每天都到村外的一棵大树下读书，总要妈妈去找他回家吃饭。时间一长，妈妈有些不高兴了，说："读书不能不吃饭呀，难道书可当饭吃吗？"陶渊明说："妈，你不知道，书里的味道比饭的味道香多了！"有一天，有个伙伴向陶渊明求教如何读书。陶渊明说："我读书并没有什么妙法。我就像一株小禾苗，从书中一点一点吸收养分慢慢地成长起来。"

【案例介绍】

在美国得克萨斯州的一个风雪交加的夜晚，一位名叫克雷斯的年轻人因为汽车"抛锚"被困在郊外。正当他万分焦急的时候，有一位骑马的男子正巧经过这里。见此情景，这位男子二话没说便用马帮助克雷斯把汽车拉到了小镇上。事后，当感激不尽的克雷斯拿出不菲的美钞对他表示酬谢时，这位男子说："这不需要回报，但我要你给我一个承诺，当别人有困难的时候，你也要尽力帮助他人。"于是，在后来的日子里，克雷斯主动帮助了许许多多的人，并且每次都没有忘记转述那句同样的话给所有被他帮助的人。许多年后的一天，克雷斯被突然暴发的洪水困在了一个孤岛上，一位勇敢的少年冒着被洪水吞噬的危险救了他。当他感谢少年的时候，少年竟然也说出了那句克雷斯曾说过无数次的话："这不需要回报，但我要你给我一个承诺……"克雷斯的胸中顿时涌起了一股暖暖的激流："原来，我穿起的这根关于爱的链条，周转了无数的人，最后经过少年还给了我，我一生做的这些好事，全都是为我自己做的！"

【分析讨论】

结合《弟子规》相关知识的学习，谈谈你对克雷斯的看法。

【思考题】

谈谈对同学寻求的帮助你做到了吗？

【作业题】

1. 通过学习《弟子规》相关内容，我明白了________________________。
2. 通过案例学习，我学会了________________________。
3. 通过案例分析，我提高了________________________。

【落实行动】

1. 阅读受益良多的书籍，拒绝不健康的书籍。
2. 学会分辨是非，什么事情该做，什么事情不该做。
3. 多结识一些爱学习的朋友。

第五节 做一个不断追求的人

Wù	zì	bào	wù	zì	qì	Shèng	yǔ	xián	kě	xún	zhì
勿	自	暴	勿	自	弃	圣	与	贤	可	驯	致

【语句释文】

本意为：不要自以为是而狂妄自大，也不要自甘堕落而放弃自己，圣贤的境界虽高，但只要按部就班，循序渐进，人人都可到达。

我们可以理解为：遇到困难或挫折的时候，不要自暴自弃，也不必愤世嫉俗，看什么都不顺眼，应该发奋向上努力学习，圣贤境界虽高，循序渐进，也是可以达到的。

【经典故事】

胸怀大志

宗悫是南北朝时期人，年轻时很不得志，而他的同乡虞业有权有势，特别富有。每当虞业宴请客人的时候，总是几十道菜，酒菜摆得有一丈见方。然而，他招待宗悫时，只给他吃用有秕子的杂粮煮的饭。但宗悫只是照样吃饭，从不因为饭菜差而发脾气。他胸有大志，把主要的精力都用在学习上。后来，宗悫做了豫州太守，但他并不嫉恨虞业，反而认为虞业有才而让他做自己的部下。宗悫把过去受辱的事看得很开，具有宽厚的胸怀，真了不起！孟子曰："舜何人也，禹何人也，有为者亦若是！"

【案例介绍】

1990 年，已经三十多岁的董明珠辞掉家乡南京的工作，只身南下，到当时的海利空调器厂做业务员，几个月后，她被派到安徽开拓市场。一到安徽，董明珠就发现了前任丢下的烂摊子：一位经销商拖欠了 42 万元的货款。按公司当时的规定，即使她要回了债款也拿不到一分钱回报。但董明珠认为"欠债还钱，天经地义"，整整用了 40 天，硬是要回了货款。从此，"先款后货"成了董明珠为自己立下的铁律，也成了格力日后独树一帜销售政策。

但是当时格力只是个小品牌，董明珠又坚持"先款后货"的原则，工作开展得并不顺利。不过，在安徽淮南的一家电器店，老板娘被董明珠感动，签下了一张 20 万元的单子。

面对这来之不易的订单，董明珠投入了更多的精力，她一次次登门拜访，为店家出谋划策。她让老板从身边的人入手，让亲戚、朋友、员工试用，然后再传播出去。这种"口口相传"的方法很快让 20 万元的产品销售一空，接着董明珠就利用这个成功案例再去游说其他经销商。有了这个"典范"，淮南的局面迅速打开；接着，芜湖、铜陵、合肥、安庆等市场也被董明珠一个个攻破，到了 1992 年，董明珠在安徽的销售额突破了 1600 万元，占到了当年公司销售额的八分之一。

【分析讨论】

结合《弟子规》相关知识的学习，谈谈你对董明珠不断追求进步的看法。

【思考题】

1. 想一想你在中学时的表现？
2. 你如何评价自己？
3. 在学习中你有追求的目标吗？

【作业题】

1. 通过学习《弟子规》相关内容，我明白了______________________________。
2. 通过案例学习，我学会了____。
3. 通过案例分析，我提高了____。

【落实行动】

1. 相信自己，学会坚强。
2. 知错就改，才会有更大进步。
3. 努力学习，奋发向上。

中篇 法律知识

第一章 治安管理处罚法

第一节 打架斗殴

【法律条款】

《中华人民共和国刑法》第二百三十四条的规定：故意伤害他人身体的，应当立案。故意伤害他人，只有达到法定的轻伤、重伤标准时，才构成故意伤害罪，予以立案。

故意伤害罪量刑标准：

（一）犯故意伤害罪的，处3年以下有期徒刑、拘役或者管制。

（二）犯故意伤害罪，致人重伤的，处3年以上10年以下有期徒刑。

（三）故意伤害他人身体，致人死亡或者以特别残忍手段致人重伤造成严重残疾的，处10年以上有期徒刑、无期徒刑或者死刑。

【法律解释】

打架斗殴是社会的一大公害，是公民违法违纪行为的主要表现之一。学生参与打架斗殴会危及人身安全，酿成治安、刑事案件，妨碍内部团结，不利于和谐社会的建设，甚至葬送自己的美好前程，影响家庭生活。致人身体伤残或死亡的，除赔偿相应的费用外，将受到学校管理制度的处分及法律法规的处罚。

【案例介绍】

某职业学校学生吕某与本校女生赖某交为朋友，感情甚好。吴某是赖某以前初中时交过的男朋友，就读于另一所职业学校，当他得知此事后，要求和赖某从头再来，并要找吕某“谈谈”。于是吴某纠集了一些同学及社会青年，到吕某的学校找到了吕某，见面后还没说上几句话，吴某便大打出手，并把吕某的鼻子打成骨折。后来，在学校老师和保安的阻止下才没有造成更大的伤害，随后，吕某被送往医院救治，经鉴定为轻微伤。事后吴某赔偿了吕某的医药费，并受到学校的相应处分及相关法律法规的处罚。

【分析讨论】

1. 吴某的行为触犯哪些法律条款？
2. 事件发生后，对吴某的前途有何影响？

【思考题】

在日常生活中，我们应该怎样避免类似的事情发生？

【作业题】

1. 通过学习，我了解了____。
2. 通过案例分析，我学会了____。
3. 通过案例讨论，我提高了____。

【落实行动】

1. 在生活中，理性处理情感问题。
2. 对待他人要有宽容心和爱心。
3. 在处理问题时，要学会换位思考。

第二节　非法持有和携带违禁物品

【法律条款】

《中华人民共和国治安管理处罚法》第三十二条有关规定：非法携带枪支、弹药或者弩、匕首等国家规定的管制器具的，处五日以下拘留，可以并处五百元以下罚款；情节较轻的，处警告或者二百元以下罚款。

非法携带枪支、弹药或者弩、匕首等国家规定的管制器具进入公共场所或者公共交通工具的，处五日以上十日以下拘留，可以并处五百元以下罚款。

《中华人民共和国刑法》第一百三十条的规定：非法携带枪支、弹药、管制刀具或者爆炸性、易燃性、放射性、毒害性、腐蚀性物品，进入公共场所或者公共交通工具，危及公共安全，情节严重的，处三年以下有期徒刑、拘役或者管制。

【法律解释】

非法携带武器、管制刀具或者爆炸物参加集会、游行、示威，是违反法律规定的。根据公安部门的有关规定，管制刀具主要包括匕首、三棱刀、带有自锁装置的弹簧刀以及其他相类似的单刃、双刃刀和三棱尖刀等；所谓“爆炸物”是指具有爆发力和破坏性，可以瞬间造成人畜伤亡、物品毁坏的危险物品。这里的“携带”，既包括随身藏带，也包括利用他人身体、容器、运输工具夹带武器、管制刀具或者爆炸物。学生携带违禁物品出入公共场所，既违反学校校纪校规，又属于违法行为，将受到学校及公安机关的相应处罚。

【案例介绍】

某职业学校学生李某与他人发生摩擦，自认为安全受到威胁，趁周末外出逛街期间，购得管制刀具一把，藏匿于身，偷偷带进校园，某日公安机关对学校进行违禁物品检查时，发现李某携带的管制刀具，在公安机关对李某进行调查时，李某如实交待了上述事实，事后李某受到学校及公安机关相应处罚。

【分析讨论】

1. 李某的行为违反了哪些法律条款？
2. 李某携带管制刀具，对同学们的人身安全造成什么危害？

【思考题】

在日常生活中，我们如何增强法律意识？

【作业题】

1. 通过学习，我了解了________________________________。
2. 通过案例分析，我学会了________________________________。
3. 通过案例讨论，我提高了________________________________。

【落实行动】

1. 在生活中，自觉遵守校纪校规及法律法规。

2. 不得非法持有和携带违禁物品。

3. 团结友爱，和睦相处，主动忍让，及时汇报。

第三节 赌 博

【法律条款】

以营利为目的，为赌博提供条件的，或者参与赌博赌资较大的，处五日以下拘留或者五百元以下罚款；情节严重的，处十日以上十五日以下拘留，并处五百元以上三千元以下罚款。

【法律解释】

一是行为人出于获取金钱或财物等好处为目的，为赌博提供条件的行为。二是参与赌博赌资较大的行为。对于具有这两种行为之一的，处五日以下拘留或者五百元以下罚款；情节严重的，处十日以上十五日以下拘留，并处五百元以上三千元以下罚款。

【案例介绍】

某职业学校学生李某和几位老乡在同一所学校就读，几个人关系非常好。某星期天，李某觉得无聊，就约几位老乡到宿舍打牌娱乐，玩了很久李某觉得不够刺激，于是提议小赌一下。开始大家还有些犹豫，经李某再三激将，最后大家都参与了赌博。从最少的五角钱到最大的二十元一庄，半天下来，李某就赢了两百元。事后李某觉得钱来得这么容易，于是第二天又叫上大家一起赌博。几周下来，李某不但未赢，反而输光了学费，并欠下几千元的赌债，然而李某仍未省悟，整天东骗西借想着翻本，沉溺赌博，不能自拔，导致事态越来越严重，经老师和家长多次教育，仍不思悔改，最后被学校勒令退学。

【分析讨论】

1. 李某的行为给学校带来哪些危害？

2. 事件发生后，对李某的前途有何影响？

【思考题】

我们应该用什么样的方式丰富业余生活？

【作业题】

1. 通过学习，我了解了____。
2. 通过案例分析，我学会了____________________________________。
3. 通过案例讨论，我提高了____________________________________。

【落实行动】

1. 在学习生活中，不要靠近或参与赌博。

2. 君子爱财，取之有道。

3. 在学校把精力集中在学习上，提高自身综合素质。

第四节　威胁、恐吓、侮辱、诽谤他人

【法律条款】

《中华人民共和国治安管理处罚法》第四十二条　有下列行为之一的，处五日以下拘留或者五百元以下罚款；情节较重的，处五日以上十日以下拘留，并处五百元以下罚款：

（一）写恐吓信或者以其他方法威胁他人人身安全的；

（二）公然侮辱他人或者捏造事实诽谤他人的；

（三）捏造事实诬告陷害他人，企图使他人受到刑事追究或者受到治安管理处罚的；

（四）对证人及其近亲属进行威胁、侮辱、殴打或者打击报复的；

（五）多次发送淫秽、侮辱、恐吓或者其他信息，干扰他人正常生活的；

（六）偷窥、偷拍、窃听、散布他人隐私的。

《中华人民共和国刑法》第二百四十六条　【侮辱罪、诽谤罪】以暴力或者其他方法公然侮辱他人或者捏造事实诽谤他人，情节严重的，处三年以下有期徒刑、拘役、管制或者剥夺政治权利。

第二百九十三条　有下列寻衅滋事行为之一，破坏社会秩序的，处五年以下有期徒刑、拘役或者管制：

（一）随意殴打他人，情节恶劣的；

（二）追逐、拦截、辱骂、恐吓他人，情节恶劣的；

（三）强拿硬要或者任意损毁、占用公私财物，情节严重的；

（四）在公共场所起哄闹事，造成公共场所秩序严重混乱的。

【法律解释】

侮辱罪，是指使用暴力或其他方法，公然贬低他人人格，破坏他人名誉，情节严重的行为。客观表现为行为人采用暴力或者其他方法（如言词、文字、图画等），当着被害人的面公然贬低其人格，毁坏其名誉。若行为人使用暴力的方法侮辱他人，过失致人重伤死亡的，应择一重罪定罪处罚。

诽谤罪，是指捏造并散布某种虚构的事实，损害他人人格和名誉，情节严重的行为。客观表现为行为人无中生有地编造损害他人人格、名誉的虚假事实并向众人扩散的行为。“情节严重”是指诽谤他人手段恶劣、后果严重或者影响极坏等情况。本条规定的两个罪名都是告诉才处理的犯罪。若受害人未告诉，不能追究行为人的刑事责任。

【案例介绍】

某职业中学某班班长覃某，平时对班级管理过严，态度强硬，造成班里不遵守纪律的同学极其不满。他们经常威胁覃某，给覃某发恐吓短信，如“出门要小心”之类的言语，私底下还给覃某取绰号，导致覃某精神压力过大，诱发精神病。后虽经学校出面进行教育调解，但肇事同学仍不知悔改。覃某的家属上诉法院要求赔偿，最后学校根据学生管理规定给予肇事同学相关处分。

【分析讨论】

1. 作为一名班干部，应该怎样处理同学之间的关系？

2. 事件发生后，对肇事同学的前途有何影响？

【思考题】

在日常生活中，同学之间应如何和睦相处？

【作业题】

1. 通过学习，我了解了________________________________。
2. 通过案例分析，我学会了______________________________。
3. 通过案例讨论，我提高了______________________________。

【落实行动】

1. 学会尊重他人，加强和同学的沟通。

2. 在处理问题时，要考虑后果，积极和老师沟通。

第五节 吸 毒

【法律条款】

《中华人民共和国治安管理处罚法》第七十二条规定：吸食、注射毒品的，处十日以上十五日以下拘留，可并处二千元以下罚款；情节较轻的，处五日以下拘留或者五百元以下罚款。

《中华人民共和国刑法》第三百五十三条规定：引诱、教唆、欺骗他人吸食、注射毒品的，处三年以下有期徒刑、拘役或者管制，并处罚金；情节严重的，处三年以上七年以下有期徒刑，并处罚金。

强迫他人吸食、注射毒品的，处三年以上十年以下有期徒刑，并处罚金。

引诱、教唆、欺骗或者强迫未成年人吸食、注射毒品的，从重处罚。

【法律解释】

本法所称的毒品，是指鸦片、海洛因、甲基苯丙胺（冰毒）、吗啡、大麻、可卡因、K粉以及国家规定管制的其他能够使人成瘾的药品和精神药品。

【案例介绍】

罗某系某中职学校的女学生，初二时认识了社会上的朋友，此后她经常外出和社会上的朋友玩耍，几次接触K粉后逐渐上瘾，慢慢地无心学习。为了能有更多机会外出，罗某开始逃课、夜不归宿。某日，罗某将K粉带回宿舍，并引诱班上的女生吸食，有几个经受不住诱惑的女生也大胆跟着尝试。事后同学向学校举报此事。经调查，包括罗某在内，共有6名学生参与吸食K粉。随后罗某被学校给予开除学籍处分，并被公安机关惩处，其他5名学生也受到了学校相应的处分。

【分析讨论】

1. 罗某的行为对学校及同学产生了什么影响？
2. 吸食K粉对身体会造成什么样的伤害？

【思考题】

在日常生活中，我们如何提高对毒品的认识及防范？

【作业题】

1. 通过学习，我了解了________________________________。
2. 通过案例分析，我学会了______________________________。
3. 通过案例讨论，我提高了______________________________。

【落实行动】

1. 在生活中，交友要谨慎。
2. 不要因为好奇心，而误入歧途。
3. 面对不良诱惑，一定要冷静控制自己。
4. 发现同学吸食毒品，要敢于站出来举报。

第六节　故意伤人

【法律条款】

《中华人民共和国刑法》第二百三十条规定：故意伤害他人身体的，处三年以下有期徒刑，拘役或者管制。犯前科罪，致人重伤的，处三年以上十年以下有期徒刑；致人死亡或者以特别残忍手段致人重伤或严重残疾的，处十年以上有期徒刑、无期徒刑或者死刑。

《中华人民共和国治安条例》第二十二条规定：殴打他人，造成轻微伤害的，尚不构成刑事处罚的，处十五日以下拘留，二百元以下罚款或者警告。

【法律解释】

故意伤害罪是指主观方面为故意，包括直接故意和间接故意，非法对他人的身体健康造成了一定程度伤害的行为。

非法伤害他人身体健康是对他人人身权利的严重侵犯，是一种严重的犯罪行为。造成受害人受伤程度有3种形态，即轻伤、重伤或死亡。所谓轻伤，是指由于物理、化学及生物等各种外界因素作用于人体，造成组织、器官结构的一定程度的损害或部分功能障碍，尚未构成重伤又不属于轻微伤害的损伤。重伤，是指使人肢体残废或者毁人容貌，丧失听、视觉或者其他器官功能以及其他对于人身健康有重大损害的伤害。本罪会根据受害人的受伤程度和相关的法律条款对行为人进行处罚。值得注意的是，导致受害人死亡的有两种情形：故意杀人致死和过失致人死亡，《刑法》会根据这两种情形给予不同的处罚，故意伤害他人身体，致人死亡者，按照《刑法》第二百三十二条第二款规定，处十年以上有期徒刑、无期徒刑或者死刑。过失杀人致死的，则按照《刑法》中第二百三十三条规定，处三年以上七年以下有期徒刑；情节较轻的，处三年以下有期徒刑。

【案例介绍】

欧某和乐某为某职校同班同学，乐某是该班级班长，在班级管理上，不太尊重同学，言行举止粗暴。欧某在校表现一般，经常旷课，爱泡网吧，且与不良社会青年常有来往。作为班长的乐某多次“劝告”无效，便将此事告知班主任，班主任立即对欧某进行批评教育，欧某因此怀恨在心，多次在校外辱骂乐某，双方矛盾升级，进而发生言语和肢体上的冲突，但均未有伤害。

某天，欧某与社会上的朋友谈及此事，大家都觉得要给乐某一个教训，于是在一个周末的晚上，欧某带上社会青年十几人将乐某堵在校门外，未等乐某开口，便蜂拥而上将乐某打倒在地，致使乐某身体多处受伤。事后欧某和参与此事的社会青年被公安机关抓获，除赔偿乐某的医药费外，并受到相应的处罚。

【分析讨论】

1. 欧某和乐某产生矛盾的直接原因是什么？
2. 如果你是班干部，应当如何管理班级？

【思考题】

在日常生活中，同学之间发生摩擦后应如何处理？

【作业题】

1. 通过学习，我了解了________________________。
2. 通过案例分析，我学会了________________________。
3. 通过案例讨论，我提高了________________________。

【落实行动】

1. 在班级管理中，班干部要加强管理者的艺术修养。

2. 在生活中，要虚心接受老师批评。

3. 同学之间应当讲文明礼貌，相互谦让。

第七节 抢夺钱物

【法律条款】

《中华人民共和国治安条例》第二十三条规定：偷窃、骗取、抢夺少量公私财物的，尚不够刑事处罚的，处十五日以下拘留或者警告，可以单处或者并处二百元以下罚款。

《中华人民共和国刑法》第二百六十七条规定：抢夺公私财物，数额较大的，处三年以下有期徒刑，并处或者单处罚金；数额巨大或者有其他严重情节的，处三年以上十年以下有期徒刑，并处罚金；数额特别巨大或者有其他特别严重的，处十年以上有期徒刑或无期徒刑，并处罚金或者是没收财产。

携带凶器抢夺的，依照抢劫罪进行处罚。

【法律解释】

抢夺财物是指以非法占有为目的，乘人不备，公然夺取财物的行为。

乘人不备是指行为人乘被害人或者其他人没有察觉和无防备的情况下，使被害人或者其他人来不及反抗而夺走财物。公然夺取是指行为人当着被害人或者其他人的面公开夺走财物的行为。

行为人所抢夺的对象是他人的有形财物，如手机、钱包等，所抢夺财物的价值大小是量刑的重要标准之一。抢夺少量公私财物的，尚不构成刑事处罚的，按照《中华人民共和国治安条例》有关规定处罚。抢夺公私财物，数额较大及以上的，则构成刑事犯罪，按照《刑法》中第二百六十七条规定处罚。抢夺公私财物价值分为三种情形：数额较大、数额巨大和数额特别巨大，其标准如下：

（一）抢夺公私财物价值人民币五百元至二千元以上的，为“数额较大”；

（二）抢夺公私财物价值人民币五千元至二万元以上的，为“数额巨大”；

（三）抢夺公私财物价值人民币三万元至十万元以上的，为“数额特别巨大”。

【案例介绍】

某技工学校马某，在校表现一般。一个偶然的机会马某认识了无所事事的社会青年廖某，并与其称兄道弟，感情甚好。一天，廖某找到马某说最近缺钱，想去大学城附近抢点钱来花，马某知道这是犯法行为，有些犹豫不决，廖某便骂他是胆小鬼。马某不想被廖某看不起，于是答应了廖某的“邀请”。

当晚 11 点左右，马某和廖某埋伏在某大学附近的工商银行旁边，瞄准刚取完钱的李某，并迅速从后面将其手提包抢走，李某随即大声叫喊并追赶，两人在逃跑过程中，被路人抓获，扭送到公安机关。经查，被抢手提包内有一个价值 300 元左右的手机和刚取的 200 元现金。

马某乘受害人不备，在公共场合公然抢夺其财物，虽然财物价值未达到刑事犯罪的量刑标准，属于一般的违法行为，但按照《中华人民共和国治安条例》相关条款马某仍受到相应处罚。马某为自己交友不慎，最后差点走上不归路感到非常后悔。

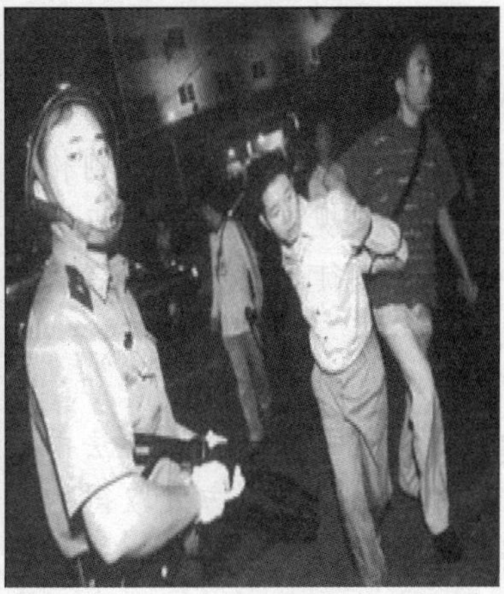

【分析讨论】

1. 导致马某犯法的根本原因是什么？
2. 你怎么看待马某与廖某的关系。

【思考题】

想一想，你身边有类似的例子吗？请举例说明。

【作业题】

1. 通过学习，我了解了________________________________。
2. 通过案例分析，我学会了______________________________。
3. 通过案例讨论，我提高了______________________________。

【落实行动】

1. 交友要谨慎。
2. 要知法、守法，不做违法之事。
3. 面对错误的决择时，不要逞英雄之气。

第八节 购买赃物

【法律条款】

《中华人民共和国社会治安管理条例》第二十四条规定：明知是赃物而窝藏、销毁、转移，尚不构成刑事处罚的，或者明知是赃物而购买的，处十五日以下拘留、二百元以下罚款或者警告。如果购买数量较多，则构成刑事犯罪。

《刑法》第312条规定：明知是犯罪所得的赃物而予以窝藏、转移、收购或者代为销售的，处三年以下有期徒刑、拘役或者管制，并处或者单处罚金。

【法律解释】

所谓赃物，是指犯罪分子利用非法手段取得的各种物品、资料，包括抢夺、抢劫、诈骗、敲诈勒索和偷盗、哄抢等方式取得的实物。明知赃物而购买是指为了贪图便宜，以远远低于物品实际价格购买此物品的。这种行为客观上鼓励和帮助了犯罪分子实施侵犯公私财物、破坏社会秩序的犯罪活动，为犯罪分子继续进行同类犯罪活动开辟了销赃途径。

行为人偶尔购买赃物且数额较小，按《中华人民共和国社会治安管理条例》相关规定进行处罚。如果多次收购赃物造成严重后果的，或者数额较大，情节严重的，按刑法规定的销赃罪追究刑事责任。购买赃物和窝藏、销毁、转移赃物不同。购买赃物是主观上贪图便宜，明知是赃物，而以低价购买，客观上帮助了犯罪分子，属于违反治安管理的行为。

【案例介绍】

某技工学校二年级外宿学生吴某，因学校离家的路程较近，每天早上，吴某只能徒步上学，看到其他外宿同学都有自行车伴行，心里羡慕不已，渴望自己也能拥有一辆。一天晚自习过后，同班同学庄某告诉吴某他有个朋友卖自行车，特便宜，50元一辆，想找他一起去看看。两人怀着无比激动的心情找到卖自行车的刘某，刘某二话不说，将两人带去家里选车。看到全新的自行车才50元，吴某心存怀疑，便问："这么新的自行车才50元？"刘某回答说这些自行车是他低价收购回来的，表面重新油漆了一遍，所以看起来比较新。经不起廉价自行车的诱惑，吴某和庄某放下心中疑虑，各自挑了一辆喜欢的自行车，在回家的路上被公安机关抓获。

刘某涉嫌收购赃物，被刑事拘留，所有赃物被追回，并处罚款；吴某和庄某明知自行车比市价低出10倍，仍贪图便宜，其行为均已构成购买赃物罪，但鉴于两人认罪态度较好，并有悔过表现，又系初犯，公安机关予以从轻处罚。

经公安机关及学校的教育后，吴某和庄某深刻认识到自己因贪图小便宜而为犯罪分子开辟了销赃途径，给社会治安管理造成了极大的困扰，对自己的错误行为深感后悔。

【分析讨论】

1. 刘某为什么要以低廉的价钱卖出这批自行车？
2. 如何辨别赃物？
3. 刘某的行为给社会造成了什么样的危害？

【思考题】

看完了吴某和庄某的故事，在面对赃物的诱惑时，你觉得自己应该怎么做？

【作业题】

1. 通过学习，我了解了____。
2. 通过案例分析，我学会了____________________________________。
3. 通过案例讨论，我提高了____________________________________。

【落实行动】

1. 学会抵制诱惑。
2. 学会明辨是非。
3. 学会勤俭节约，不相互攀比。
4. 生活中不贪一时之念，不做顺手牵羊之事。

第九节　毁坏公私财物

【法律条款】

《中华人民共和国治安管理条例》第二十三条规定：故意毁坏公私财物，情节较轻的，处15日以下拘留或者警告，可以单处或者并处二百元以下罚款，并责令行为人赔偿损失。

《中华人民共和国刑法》第二百七十五条规定：故意毁坏公私财物，数额较大或者有其他严重情节的，处三年以下有期徒刑、拘役或者罚金；数额巨大或者有其他特别严重情节的，处三年以上七年以下有期徒刑。

【法律解释】

故意毁坏财物罪，是指故意毁灭或者损坏公私财物，数额较大或者有其他严重情节的行为。

本罪犯罪对象是各种形式的公私财物，包括学校的桌椅、交通工具、私人财物等。行为人一般出于报复或嫉妒心理直接故意将财物毁坏，表现为毁灭或者损坏公私财物数额较大或者有其他严重情节的行为。毁灭，是指用焚烧、摔砸等方法使物品全部丧失其价值或使用价值；损坏，是指使物品部分丧失其价值或使用价值。毁坏公私财物的方法，有多种多样。但是，如果行为人使用放火、决水、投毒、爆炸等危险方法破坏公私财物，危害公共安全的，应当以危害公共安全罪中的有关犯罪论处。

故意毁坏公私财物行为，必须达到数额较大或有其他严重情节的才构成犯罪。所谓情节严重，是指毁坏重要物品损失严重的，毁坏手段特别恶劣的；毁坏急需物品引起严重后果的；动机卑鄙企图嫁祸于人的，等等。故意毁坏公私财物，情节较轻的，是一般违反治安管理行为，则按照《中华人民共和国治安管理条例》相关条例处罚。

【案例介绍】

某技工学校校外实习学生蓝某，在校外实习期间，因工作任务繁重，经常加班，还被师傅批评，心里极不平衡。某天，一顾客开着比亚迪F6到公司保养，蓝某为了泄恨，利用工作之便，用利器刮花车主汽车，并破坏车内导航仪。经查实为蓝某所为，经教育协商后，蓝某父母赔偿该客户汽车维修的所有费用，实习单位将蓝某遣送回校，学校给予蓝某留校察看一年处分。蓝某行为是出于报复心理而将他人的私人财产进行损坏的，属于故意毁坏公私财物罪。

【分析讨论】

1. 想一想，导致蓝某出现这种行为的直接原因是什么？
2. 蓝某的行为给学校、实习单位造成什么影响？
3. 蓝某的行为对他的前途有什么样的影响？

【思考题】

当我们遭遇在相对艰苦的环境下实习时，我们应如何调整自己的心态？

【作业题】

1. 通过学习，我了解了＿＿＿＿＿＿＿＿＿＿＿＿＿＿＿＿＿＿＿＿＿＿＿＿＿＿＿＿＿＿＿＿。
2. 通过案例分析，我学会了＿＿＿＿＿＿＿＿＿＿＿＿＿＿＿＿＿＿＿＿＿＿＿＿＿＿＿＿＿＿。
3. 通过案例讨论，我提高了＿＿＿＿＿＿＿＿＿＿＿＿＿＿＿＿＿＿＿＿＿＿＿＿＿＿＿＿＿＿。

【落实行动】

1. 中职学生应培养吃苦耐劳的精神。

2. 严格遵守生产实习单位纪律，加强职业道德修养。

3. 虚心接受他人批评。

第十节　卖淫、嫖娼、涉及淫秽音像等物品

【法律条款】

《中华人民共和国治安管理条例》第六十六条规定：卖淫、嫖娼的，处十日以上十五日以下拘留，可以并处五千元以下罚款；情节较轻的，处五日以下拘留或者五百元以下罚款。在公共场所拉客招嫖的，处五日以下拘留或者五百元以下罚款。

《中华人民共和国刑法》第三百六十四条规定：传播淫秽的书刊、影片、音像、图片或者其他淫秽物品，情节严重的，处二年以下有期徒刑、拘役或者管制。组织播放淫秽的电影、录像等音像制品的，处三年以下有期徒刑、拘役或者管制，并处罚金；情节严重的，处三年以上十年以下有期徒刑，并处罚金。制作、复制淫秽的电影、录像等音像制品组织播放的，依照《刑法》相关条款从重处罚。向未满十八周岁的未成年人传播淫秽物品的，从重处罚。

【法律解释】

卖淫嫖娼是指不特定的异性之间或者同性之间以金钱、财物为媒介发生性关系（不包括推油等按摩服务）（包括口淫、手淫、鸡奸等）的行为。行为主体之间主观上已经就卖淫嫖娼达成一致，已经谈好价格或者已经给付金钱、财物，并且已经着手实施，但由于其本人主观意志以外的原因，尚未发生性关系的；或者已经发生性关系，但尚未给付金钱、财物的，都可以按卖淫嫖娼行为依法处理。

传播淫秽物品是以传播淫秽的书刊、影片、音像、图片或者其他淫秽物品为表现形式，扰乱国家对淫秽物品的管理秩序，危害广大人民特别是青少年的身心健康。该罪不必出于牟利目的，只要使传播淫秽物品犯罪不论主观是否存在牟利，都将受到刑罚的处罚。

【案例介绍】

张某是某职校即将毕业的学生，因课程较少，便上网四处搜索兼职信息，在搜索过程中，一个自称玫瑰网站的管理员主动找到他，说网站生意太好，想再增加一个版块内容，以获取更大的利益，目前正在寻找一个合适管理员作该版块的版主，版主每天的工作只需更新网站上的内容就行，每天更新的内容由管理员提供，日酬 100 元，问他有没有兴趣。张某欣喜不已，便毫不犹豫地答应了玫瑰网站管理员的邀请。晚上，张某打开管理员传给他的东西，才发现原来管理员要他上传的是一些淫秽影片，一时激动，叫上了宿舍李某、覃某前来观看，就在张某同宿舍李某、覃某观看淫秽影片时，正好被查夜的老师逮个正着。张某的行为严重影响到李某、覃某的身心健康，虽然承认错误态度较好，又系初犯，经讨论，学校给予张某留校察看一年的处分，给予李某、覃某记大过处分。

张某本应可以正常毕业，却因为好奇看淫秽影片，被留校察看一年，耽误了找工作的最佳时机，还对自己和他人的身心健康造成了极大的负面影响。所幸张某未上传淫秽影片，影响面积不大，没有构成刑事犯罪。

【分析讨论】

1. 玫瑰网站管理员的行为是否构成了犯罪，为什么？
2. 本次事件对张某、李某和覃某的身心健康造成什么样的影响？

【思考题】

面对淫秽影片、图片、报纸等，我们应当怎么做？

【作业题】

1. 通过学习，我了解了__________________________________。
2. 通过案例分析，我学会了______________________________。
3. 通过案例讨论，我提高了______________________________。

【落实行动】

1. 保持健康向上的心态，不观看、传播淫秽影片、图片、报纸等。

2. 不接近不健康的声色场所。

3. 提高公民道德意识，自觉维护公共秩序。

第二章 刑 法

第一节 敲诈勒索罪

【法律条款】

《中华人民共和国刑法》第二百七十四条规定：敲诈勒索公私财物，数额较大或者多次敲诈勒索的，处三年以下有期徒刑、拘役或者管制，并处或者单处罚金；数额巨大或者有其他严重情节的，处三年以上十年以下有期徒刑，并处罚金；数额特别巨大或者有其他特别严重情节的，处十年以上有期徒刑，并处罚金。

【法律解释】

敲诈勒索罪是指以非法占有为目的，对被害人实施威胁或者要挟的方法，强索公私财物的行为。

最高人民法院《关于敲诈勒索罪数额认定标准问题的规定》司法解释：

根据刑法第二百七十四条的规定，现对敲诈勒索罪数额认定标准规定如下：

一、敲诈勒索公私财物"数额较大"，以一千元至三千元为起点；

二、敲诈勒索公私财物"数额巨大"，以一万元至三万元为起点。

犯罪人通常用暴力加害被害人及其亲属，或者以将要揭露被害人的隐私、毁坏其财产等相威胁。因此，它不仅侵犯公私财产所有权，往往还同时危害被害人的人身权利或者其他权益，这是本罪不同于盗窃罪、诈骗罪的显著特点。本罪实施威胁或者要挟，逼人当场交出财物，或者限期交出限额财物，一般并不使用暴力，这又是本罪与抢劫罪的区别。

【案例介绍】

卢某、陆某、高某三人是职业技术学校的准毕业生，现年都满 18 岁，分别在学校附近的三家单位实习。因卢某、陆某、高某三人平时在校吊儿郎当、脾气暴躁，动不动就结伴欺负其他同学，其他同学对他们的行为是敢怒不敢言。2012 年 5 月份，实习准备结束，三人想弄点钱好好外出游玩一趟，无奈囊中羞涩。5 月下旬某星期六的晚上，三个人聚在宿舍喝酒，酒过三巡之后，三人合计到学校门口附近的小卖部和快餐店威胁老板要钱，但感觉只有三个人太少，于是到同住一栋宿舍楼的低年级男生宿舍，威逼几个人跟自己出去壮胆，声明只要跟在自己身后就可以，什么都不用做。四个低年级学生平时就害怕他们的威胁，只好跟在他们身后。卢某、陆某，高某三人从校门口开始，看见店面就进去说"我们同学被人打伤了，你们每个店拿 1000 块给我们帮他治疗，否则我们砸了你的店。"这些店面老板知道这几个学生平时比较蛮横，不敢不给。当晚，卢某、陆某、高某三人共收到了 6000 元。当时恰好有公安机关巡防车经过，随即有人报警，卢某、陆某、高某三人连同四个低年级学生当场一并被带回派出所接受调查。

【分析讨论】

1. 卢某、陆某、高某三人的行为涉嫌何种罪名？
2. 另外四个低年级学生的行为如何界定？

【思考题】

在日常生活中，当我们遭受他人强迫进行违法犯罪的行为时，应该怎么处理？

【作业题】

1. 通过案例学习，我了解了＿＿＿＿＿＿＿＿＿＿＿＿＿＿＿＿＿＿＿＿。
2. 通过案例分析，我学会了＿＿＿＿＿＿＿＿＿＿＿＿＿＿＿＿＿＿＿＿。
3. 通过案例讨论，我提高了＿＿＿＿＿＿＿＿＿＿＿＿＿＿＿＿＿＿＿＿。

【落实行动】

1. 生活中学会控制自己的心态和情绪。

2. 不要贪图把别人的东西占为己有。

第二节　抢劫罪

【法律条款】

《中华人民共和国刑法》第二百六十三条：

以暴力、胁迫或者其他方法抢劫公私财物的，处三年以上十年以下有期徒刑，并处罚金；有下列情形之一的，处十年以上有期徒刑、无期徒刑或者死刑，并处罚金或者没收财产：

（一）入户抢劫的；

（二）在公共交通工具上抢劫的；

（三）抢劫银行或者其他金融机构的；

（四）多次抢劫或者抢劫数额巨大的；

（五）抢劫致人重伤、死亡的；

（六）冒充军警人员抢劫的；

（七）持枪抢劫的；

（八）抢劫军用物资或者抢险、救灾、救济物资的。

【法律解释】

抢劫罪是以非法占有为目的，对财物的所有人、保管人当场使用暴力、胁迫或其他方法，强行将公私财物抢走的行为。已满十四周岁不满十六周岁的人，犯故意杀人、故意伤害致人重伤或者死亡、强奸、抢劫、贩卖毒品、放火、爆炸、投毒罪的，应当负刑事责任。

【案例介绍】

吴某和赖某系职业学校辍学青年，均已成年，两人平时游手好闲，无所事事。一天下午，两人相约去“搞”点钱花，随后二人乘上一辆 4 路公共汽车。上车后，吴某在公交车前面放哨，赖某挤到车的中间，看见旁边一中年妇女在座位上昏昏欲睡，就拿起随身携带的刀片划破该妇女的挎包，掏出了里面的钱包。恰巧此时该妇女醒来发现赖某的行为，随即大声叫喊：“抓小偷啊”，欲夺回被盗钱包，同时得到车上其他乘客的响应与帮助。赖某发现事情败露，抽出尖刀向乘客挥舞，并划伤了其中一乘客的手臂，逼退上来欲夺回被盗钱包的众人。与此同时，吴某也抽出西瓜刀，架在司机脖子上要求停车。车停后，吴某在下车时，看见靠车门边一个女孩手中拿有手机，顺手夺了过来和赖某相继扬长而去。不久公安机关侦破此案，吴某与赖某均受到相应的处罚。

【分析讨论】

1. 吴某和赖某的行为构成什么犯罪，为什么？
2. 本案当初只是盗窃，为何案件转化为抢劫？

【思考题】

抢劫罪作为我国刑法规定的重罪，遇到抢劫行为，我们应该怎么做？

【作业题】

1. 通过案例学习，我了解了____________________。
2. 通过案例分析，我学会了____________________。
3. 通过案例讨论，我提高了____________________。

【落实行动】

1. 生活中要勤俭节约，不做违法乱纪之事。

2. 肯定生命的价值，尊重自己的生命。

3. 要提升生命的价值，就需要我们脚踏实地，从现在做起，从我做起，从一点一滴的小事做起。

第三节 贩毒罪

【法律条款】

《中华人民共和国刑法》第三百四十七条：

走私、贩卖、运输、制造毒品，无论数量多少，都应当追究刑事责任，予以刑事处罚。

走私、贩卖、运输、制造毒品，有下列情形之一的，处十五年有期徒刑、无期徒刑或者死刑，并处没收财产：

（一）走私、贩卖、运输、制造鸦片一千克以上、海洛因或者甲基苯丙胺五十克以上或者其他毒品数量大的；

（二）走私、贩卖、运输、制造毒品集团的首要分子；

（三）武装掩护走私、贩卖、运输、制造毒品的；

（四）以暴力抗拒检查、拘留、逮捕，情节严重的；

（五）参与有组织的国际贩毒活动的。

走私、贩卖、运输、制造鸦片二百克以上不满一千克、海洛因或者甲基苯丙胺十克以上不满五十克或者其他毒品数量较大的，处七年以上有期徒刑，并处罚金。

走私、贩卖、运输、制造鸦片不满二百克、海洛因或者甲基苯丙胺不满十克或者其他少量毒品的，处三年以下有期徒刑、拘役或者管制，并处罚金；情节严重的，处三年以上七年以下有期徒刑，并处罚金。

【法律解释】

走私、贩卖、运输、制造毒品罪，是指明知是毒品而故意实施走私、贩卖、运输、制造的行为。

1. 走私毒品是指非法运输、携带、邮寄毒品进出国（边）境的行为。

2. 贩卖毒品是指有偿转让毒品或者以贩卖为目的非法收购毒品。

3. 运输毒品是指采用携带、邮寄、利用他人或者使用交通工具等方法在我国领域内将毒品从此地转移到彼地。

4. 制造毒品是指使用毒品原植物而制作成毒品。它包括以下几种情况：一是将毒品以外的物作为原料，提取或制作成毒品，如将罂粟制成为鸦片。二是毒品的精制，即去掉毒品中的不纯物，使之成为纯毒品或纯度更高的毒品。如去除海洛因中所含的不纯物。三是使用化学方法使一种毒品变为另一种毒品。如使用化学方法将吗啡制作成海洛因。四是使用化学方法以外的方法使一种毒品变为另一种毒品。如将盐酸吗啡加入蒸溜水，使之成为注射液。五是非法按照一定的处方针对特定人的特定情况调制毒品。

本罪是选择性罪名，凡实施了走私、贩卖、运输、制造毒品行为之一的，即以该行为确定罪名。凡实施了其中两种以上行为的，如运输、贩卖毒品，定为运输、贩卖毒品罪，不实行数罪并罚。运输、贩卖同一宗毒品的，毒品数量不重复计算；不是同一宗毒品的，毒品数量累计计算。居间介绍买卖毒品的，不论是否获利，均以贩卖毒品罪的共犯论处。走私毒品，又走私其他物品构成犯罪的，按走私毒品和其他走私罪分别定罪，实行数罪并罚。

【案例介绍】

朱某系某技工学校学生，20 岁，是当地一大型企业董事长的独子，平时花天酒地，生活糜烂不堪，是典型的富二代。2012 年 4 月的一天，朱某过生日，请了一大群所谓的朋友在 KTV 狂欢。途中，有人向朱某建议，是不是找点“货”来“嗨”一下？朱某明白其意思后，打电话给其发小侯某，让他送点“货”过来。恰巧侯某在家和人打牌，走不开，见旁边在看自己打牌的朋友马某，就让马某帮助送“货”，并愿意支付 2000 元酬劳，马某明知这是毒品，但碍于朋友情面不好意思拒绝，拿起钱和“货”打车前往 KTV，刚将“货”交给朱某，就被例行检查的公安人员当场抓获。经现场验证，该包 K 粉重达 40 克。马某被抓后，侯某收到消息潜逃，马某在案件事实查清后被公安机关移交检察机关审查起诉，案件正在审理当中。

【分析讨论】

1. 朱某、侯某、马某的行为该如何界定？
2. 对于朱某、侯某、马某应该分别接受何种法律的处罚？

【思考题】

在日常生活中，我们怎么避免类似的事情发生？

【作业题】

1. 通过案例学习，我了解了____。
2. 通过案例分析，我学会了____。
3. 通过案例讨论，我提高了____。

【落实行动】

1. 在生活中行事要学会明辨是非，哪些该做，哪些不该做。

2. 在日常生活中少讲哥们义气。

第四节　计算机信息网络犯罪

【法律条款】

《中华人民共和国刑法》第二百八十五条：

违反国家规定，侵入国家事务、国防建设、尖端科学技术领域的计算机信息系统的，处三年以下有期徒刑或者拘役。

违反国家规定，侵入前款规定以外的计算机信息系统或者采用其他技术手段，获取该计算机信息系统中存储、处理或者传输的数据，或者对该计算机信息系统实施非法控制，情节严重的，处三年以下有期徒刑或者拘役，并处或者单处罚金；情节特别严重的，处三年以上七年以下有期徒刑，并处罚金。

提供专门用于侵入、非法控制计算机信息系统的程序、工具或者明知他人实施侵入、非法控制计算机信息系统的违法犯罪行为而为其提供程序、工具，情节严重的，依照前款的规定处罚。

《中华人民共和国刑法》第二百八十六条：

违反国家规定，对计算机信息系统功能进行删除、修改、增加、干扰，造成计算机信息系统不能正常运行，后果严重的，处五年以下有期徒刑或者拘役；后果特别严重的，处五年以上有期徒刑。

违反国家规定，对计算机信息系统中存储、处理或者传输的数据和应用程序进行删除、修改、增加的操作，后果严重的，依照前款的规定处罚。

故意制作、传播计算机病毒等破坏性程序，影响计算机系统正常运行，后果严重的，依照第一款的规定处罚。

《中华人民共和国刑法》第二百八十七条:

利用计算机实施金融诈骗、盗窃、贪污、挪用公款、窃取国家秘密或者其他犯罪的,依照本法有关规定定罪处罚。

【法律解释】

所谓计算机犯罪,就是以计算机为犯罪工具或以计算机为犯罪对象的犯罪行为。

计算机犯罪的形态主要有以下几种:

1. 与计算机有关的经济犯罪案件。
2. 利用计算机窃取商业秘密。
3. 计算机间谍。
4. 利用计算机窃取大量的知识财产。
5. 利用计算机危害他人的生命安全。
6. 利用计算机有组织的集团犯罪。
7. 暴力袭击计算机信息系统,特别是重要的计算机信息中心。
8. 计算机信息或数据的电子截收。
9. 发动计算机信息战争。

《计算机软件保护条例》第二十四条:

除《中华人民共和国著作权法》、本条例或者其他法律、行政法规另有规定外,未经软件著作权人许可,有下列侵权行为的,应当根据情况,承担停止侵害、消除影响、赔礼道歉、赔偿损失等民事责任;同时损害社会公共利益的,由著作权行政管理部门责令停止侵权行为,没收违法所得,没收、销毁侵权复制品,可以并处罚款;情节严重的,著作权行政管理部门并可以没收主要用于制作侵权复制品的材料、工具、设备等;触犯刑律的,依照刑法关于侵犯著作权罪、销售侵权复制品罪的规定,依法追究刑事责任:

(一)复制或者部分复制著作权人的软件的;

(二)向公众发行、出租、通过信息网络传播著作权人的软件的;

(三)故意避开或者破坏著作权人为保护其软件著作权而采取的技术措施的;

(四)故意删除或者改变软件权利管理电子信息的;

(五)转让或者许可他人行使著作权人的软件著作权的。

有前款第(一)项或者第(二)项行为的,可以并处每件100元或者货值金额5倍以下的罚款;有前款第(三)项、第(四)项或者第(五)项行为的,可以并处5万元以下的罚款。

【案例介绍】

向某系某技工学校电子商务专业学生,平时喜欢浏览国内外一些关于计算机技术的网站和论坛。通过与人交流,他获得了不少有关计算机方面的最新知识,并且具有了较高的系统和网站破解水平,可以称得上是一个计算机“黑客”。一天,向某在宿舍使用自己的电脑在网站上瞎逛时,无意中发现了国防科工委下属一个专业研究所的系统存在一个细微的漏洞,他利用最新学到的破解知识侵入了该研究所的计算机系统。出于成就感或者炫耀

的成分，他私自修改了系统中储存的部分机密科研数据，给该专业研究所造成了巨大损失。案件发生后，经公安机关会同国家安全机关全力侦破，不久后将向某抓获。经人民法院审理认为，向某的行为违反《中华人民共和国刑法》第二百八十六条第二款的规定，造成了严重后果，依法判处向某有期徒刑六年，没收其作案使用的电脑。

【分析讨论】

1. 日常上网的时候应注意哪些事项？

2. 讨论列举当今计算机犯罪的种类和趋势。

【思考题】

计算机的快速发展，已经成为当代人生活的重要组成部分，我们在利用高科技带给我们便利的同时，应该如何约束自己的行为？

【作业题】

1. 通过案例学习，我了解了______________________________________。
2. 通过案例分析，我学会了______________________________________。
3. 通过案例讨论，我提高了______________________________________。

【落实行动】

1. 知识是塑造自己，造福社会，不应用自己的知识手段做违反法律的事情。

2. 要学会正确利用自己的知识用途。

第五节 故意杀人

【法律条款】

《中华人民共和国刑法》第十七条：已满十六周岁的人犯罪，应当负刑事责任；已满十四周岁不满十六周岁的人，犯故意杀人、故意伤害致人重伤或者死亡、强奸、抢劫、贩卖毒品、放火、爆炸、投毒罪的，应当负刑事责任；已满十四周岁不满十八周岁的人犯罪，应当从轻或者减轻处罚；因不满十六周岁不予刑事处罚的，责令他的家长或者监护人加以管教；在必要的时候，也可以由政府收容教养；已满七十五周岁的人故意犯罪的，可以从轻或者减轻处罚；过失犯罪的，应当从轻或者减轻处罚。

《中华人民共和国刑法》第四十九条：犯罪的时候不满十八周岁的人和审判的时候怀孕的妇女，不适用死刑。

《中华人民共和国刑法》第二百三十二条：故意杀人的，处死刑、无期徒刑或者十年以上有期徒刑；情节较轻的，处三年以上十年以下有期徒刑。

【法律解释】

故意杀人罪是指故意非法剥夺他人生命的行为。

故意杀人罪的主体是一般主体。已满14周岁不满16周岁的人犯故意杀人罪，应当追究刑事责任。已满14周岁不满18周岁的人犯故意杀人罪，应当从轻或者减轻处罚。

故意杀人罪犯罪主观方面：故意杀人罪在主观上须有非法剥夺他人生命的故意，包括直接故意和间接故意。即明知自己的行为会发生他人死亡的危害后果，并且希望或者放任这种结果的发生。

故意杀人罪犯罪客体方面：故意杀人罪侵犯的客体是他人的生命权。法律上的生命是指能够独立呼吸并能进行新陈代谢的活的有机体，是人赖以存在的前提。

故意杀人罪犯罪客观方面：一、必须有剥夺他人生命的行为，作为、不作为均可构成。以不作为行为实施的杀人罪，只有那些对防止他人死亡结果发生负有特定义务的人才能构成。杀人的方法多种多样，可以借助一定的凶器，也可以是徒手杀人，但是如果使用放火、爆炸、投毒等危险方法杀害他人，危及不特定多数人的生命、健康或重大公私财产安全的，应以危害公共安全罪论处。对于教唆未达到刑事责任年龄或没有刑事责任能力的人去杀害他人的，对教唆犯应直接以故意杀人罪论处。二、剥夺他人生命的行为必须是非法的，即违反了国家的法律。执行死刑、正当防卫均不构成故意杀人罪。经受害人同意而剥夺其生命的行为，也构成故意杀人罪。对所谓的“安乐死”，仍应以故意杀人罪论处，当然，量刑时可适用从轻或减轻的规定。三、直接故意杀人罪的既遂和间接故意杀人罪以被害人死亡为要件，但是，只有查明行为人的危害行为与被害人死亡的结果之间具有因果关系，才能断定行为人负罪责。

直接故意杀人与间接故意杀人的区别：直接故意杀人与间接故意杀人都是行为人明知

自己行为会发生致人死亡的结果，并且不反对这种结果的发生。二者的主要区别在于对结果发生的认识程度上和接受态度上不同：直接故意杀人对结果的预见既包括必然发生也包括可能发生；而间接故意杀人则只能是预见到结果的可能发生。同时，直接故意杀人积极追求被害人死亡的结果；而间接故意杀人则对被害人死亡的结果抱有无所谓的放任态度，不积极追求，但也不加防止，而听之任之。另外，从犯罪形态来看，直接故意杀人存在着未遂，而间接故意杀人却不存在未遂。应当注意，对于教唆未达到法定刑事责任年龄的未成年人和没有刑事责任能力的精神病人非法剥夺他人生命的行为，应当以直接故意杀人论处。由于行为人不属于法定的犯罪主体、不负刑事责任，他们只是教唆者的杀人工具，因而教唆者构成故意杀人罪，应对杀人后果负完全刑事责任。

【案例介绍】

姜某现年 17 岁，在某县一所职校读二年级，和汪某是邻居，都住在某县附近的一座小镇上。

2012 年大年初六的下午，姜某的母亲林某在自家门口和汪某因宅基地的问题再次发生争执并相互推搡，瘦小的林某被汪某推到在地，手臂轻微擦伤。姜某闻讯从屋内冲出来，和汪某发生厮打，无奈被身高体壮的汪某打倒并擒住动弹不得。后在邻居的劝解下双方方才罢手。姜某回到屋里后，听见已经喝得面红耳赤的汪某仍在门口谩骂，当下气愤不已，跑到厨房拿起尖刀冲出来，对着毫无防备的汪某背后连捅了三刀，汪某因脾脏破裂导致大出血，当场死亡。随后姜某在其母亲林某的陪同下到当地公安机关投案自首。

【分析讨论】

1. 姜某的行为应当如何定性？

2. 姜某的母亲林某是否应负刑事责任，为什么？

【思考题】

在日常生活中，我们怎么避免矛盾的升级，酿成悲剧？

【作业题】

1. 通过案例学习，我了解了__________________________________。
2. 通过案例分析，我学会了__________________________________。
3. 通过案例讨论，我提高了__________________________________。

【落实行动】

1. 在生活中，要注意自己的言行举止。

2. 对待他人要有宽容心和爱心。

3. 发生矛盾时，要学会忍让。

第六节 强 奸

【法律条款】

《中华人民共和国刑法》第二百三十六条：以暴力、胁迫或者其他手段强奸妇女的，处三年以上十年以下有期徒刑。

奸淫不满十四周岁的幼女的，以强奸论，从重处罚。

强奸妇女、奸淫幼女，有下列情形之一的，处十年以上有期徒刑、无期徒刑或者死刑：

（一）强奸妇女、奸淫幼女情节恶劣的；

（二）强奸妇女、奸淫幼女多人的；

（三）在公共场所当众强奸妇女的；

（四）二人以上轮奸的；

（五）致使被害人重伤、死亡或者造成其他严重后果的。

【法律解释】

强奸罪是指以暴力、胁迫或者其他手段，违背妇女的意志，强行与其发生性交的行为。明知妇女是精神病患者或者痴呆者（程度严重的）而与其发生性行为的，不管犯罪分子采取什么手段，都应以强奸罪论处。

与间歇性精神病患者在未发病期间发生性行为，妇女本人同意的，不构成强奸罪。在认定是否违背妇女意志时，不能以被害妇女作风好坏来划分。强行与作风不好的妇女发生性行为的，也应定强奸罪。认定强奸罪不能以被害妇女有无反抗表示作为必要条件。对妇女未作反抗表示、或者反抗表示不明显的，要具体分析，精心区别。

强奸罪的主体是年满 14 周岁、具有刑事责任能力的男性。女性不能成为本罪的实行犯，但可以与男子构成共同犯罪，成为本罪的教唆犯和帮助犯。女性教唆或帮助不满 14 周岁或 14 周岁以上，但无责任能力的男子实施强奸妇女行为的，为间接主犯，可单独成为本罪的主体。

【案例介绍】

莫某和小王就读于同一所职业学校，莫某时年 19 岁，小王 18 岁，两人从 2011 年 6 月开始违反校规确立恋爱关系。交往了几个月后，两人于 2012 年元旦期间发生了性关系，随后又多次偷吃禁果。

2012 年 5 月，小王发现莫某与其谈恋爱期间还与其他女孩保持暧昧关系，随即于 5 月 10 日给莫某写了封分手信，后来任由莫某怎么相约都不赴约。2012 年 6 月 1 日，莫某以好合好散为由，再次约小王出去唱歌。经不住莫某的再三纠缠，加上也想让莫某死心，小王答应赴约。晚上 8 时许，两人到一家 KTV 见面，期间不管莫某怎么祈求发誓，小王就是不答应继续交往。晚上 11 时许，小王起身准备离开，莫某见和好无望，借着酒劲想和小王发生性关系。但是小王坚决不从，大声喊叫、拼命反抗，无奈终究不抵莫某的力大，被莫某在包厢内强行奸污。小王随即报警，莫某于当晚被抓获归案，受到相应的法律制裁。

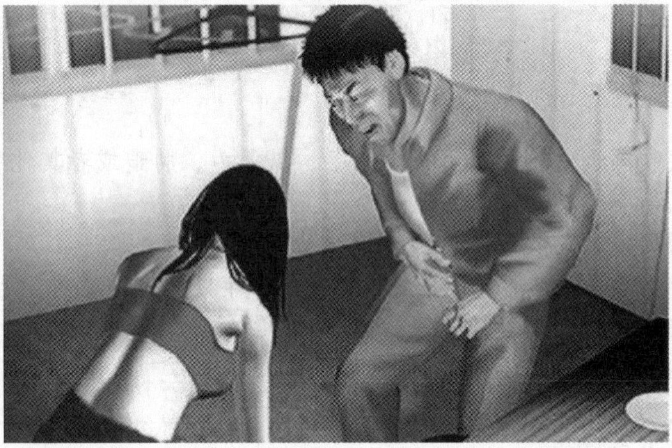

【分析讨论】

1. 分手之后的恋人之间强行发生性关系为什么会被认定为强奸？

2. 面对性侵害，女生应如何保护自己？

【思考题】

如何看待早恋及青少年性行为？

【作业题】

1. 通过案例学习，我了解了__________________________________。
2. 通过案例分析，我学会了__________________________________。
3. 通过案例讨论，我提高了__________________________________。

【落实行动】

1. 不要为了贪图一时之快，而伤害他人。

2. 理智处理感情问题。

3. 自觉遵守学校规章制度，勿做后悔之事。

4. 女生要学会自重，爱惜自己的身体。

第七节　投 毒 罪

【法律条款】

《中华人民共和国刑法》第一百一十四条规定：放火、决水、爆炸、投毒或者以其他危险方法破坏工厂、矿场、油田、港口、河流、水源、仓库、住宅、森林、农场、谷场、牧场、重要管道、公共建筑物或者其他公私财产，危害公共安全，尚未造成严重后果的，处三年以上十年以下有期徒刑。

《中华人民共和国刑法》第一百一十五条规定：放火、决水、爆炸、投毒或者以其他危险方法致人重伤、死亡或者使公私财产遭受重大损失的，处十年以上有期徒刑、无期徒刑或者死刑。过失犯前款罪的，处三年以上七年以下有期徒刑；情节较轻的，处三年以下有期徒刑或者拘役。

【法律解释】

投毒罪，是指故意投放毒物危害公共安全的行为。

【案例介绍】

杨某和刘某分别承包某培训学校的第一食堂和第二食堂，杨某为人热情，食堂价格公道，味道可口并且所给的饭菜份量足，所以杨某经营的第一食堂的生意一直比刘某经营的第二食堂红火。为此刘某常常心怀嫉恨，经常指使他人散布谣言说杨某的食堂使用地沟油、饭菜不卫生等，但憨厚的杨某并不因此而与之计较。转眼杨某和刘某的经营承包合同都快要到期，刘某为了排挤杨某，使其不能如愿签下第二年的承包合同，一天，刘某威逼在校学生张某（16 岁）趁夜将泻药放到杨某第二天出售的米粉汤中，造成第二天在杨某处吃早餐的 100 多人不同程度出现中毒迹象，其中有 55 人被送到医院进行紧急治疗。事后，经公安机关侦破此案，将作案的张某及幕后指使的刘某抓获。

【分析讨论】

1. 张某和刘某涉嫌何种罪名？

2. 张某和刘某是否构成共同犯罪？

【思考题】

在日常生活中，我们如何对待公平竞争，而不走向犯罪道路？

【作业题】

1. 通过案例学习，我了解了______________________________。
2. 通过案例分析，我学会了______________________________。
3. 通过案例讨论，我提高了______________________________。

【落实行动】

1. 君子之材，取之有道。在竞赛竞技活动中，应通过正当途径与他人竞争。
2. 学会取他人之长，补自己之短。
3. 多学习法律知识，学会用法律武装自己。

下篇　工作生活安全

第一章　校内安全

第一节　盗窃的预防

【知识链接】

盗窃是以非法占有为目的，采用各种手段秘密窃取公私财物的行为。其中，数额较大的称为刑事案件中的盗窃案，数额较小的按治安案件查处。

【预防措施】

一、校园易失窃的情形

1. 外出时宿舍房门不锁，贵重物品随意放置。
2. 睡觉时宿舍不锁门，贵重物品随意放置。
3. 下课离开时，把贵重物品遗忘在课桌内或工位上。
4. 上体育课或平时运动时，把贵重物品放置在无人看管的地方。
5. 在校内网吧上网时，把贵重物品放置在桌面上。
6. 在校内 ATM 机取款时，把银行卡遗忘在 ATM 机上。
7. 交通工具不按指定地点停放且不上锁。

二、预防盗窃的基本方法

1. 贵重物品要随身携带，妥善保管。
2. 要养成随手关、锁门的良好习惯，钥匙妥善保管。
3. 睡觉时要锁好房门，贵重物品妥善保管。
4. 不留宿非本宿舍人员，发现形迹可疑人员，要提高警惕，并及时向管理员或值班老师报告。
5. 在运动场上运动时，不要把贵重物品放在无人看管的地方。
6. 下课时要注意检查自己的贵重物品是否带齐。

7. 在校内网吧上网时，不要把贵重物品放在桌面上。

8. 在校内 ATM 机取款时，注意周边环境，防止个人信息泄露，取款结束后不忘取卡。

【案例介绍】

2012 年 3 月 25 日，某职校学生黎某向班主任报称：昨晚睡觉时把手机放在枕边，早晨醒来时发现手机丢失，宿舍门晚上是锁着的。

班主任要求本宿舍同学在宿舍待命，等待老师去调查。班主任与值班老师来到宿舍后，经过现场勘查，在窗台上的黄色球鞋内找到丢失手机。经过调查分析，确定偷窃手机为本宿舍的方某。在老师的耐心教育之下，方某承认了错误并交待作案经过。

【分析讨论】

1. 黎某的手机被盗窃的原因是什么？

2. 物品被盗窃后应如何处理？

【思考题】

在日常生活中，我们怎样才能避免类似的事件发生？

【作业题】

1. 通过学习，我了解了______________________________。

2. 通过案例分析，我学会了____________________________。

3. 通过案例讨论，我提高了____________________________。

【落实行动】

1. 在生活中，发生盗窃案件时要及时报告并保护好现场。

2. 不要有贪念之心，洁身自爱。

3. 睡觉时一定要把贵重物品锁进储物柜或行李箱内。

第二节　打架斗殴的预防

【知识链接】

打架也叫斗殴、格斗，是对立双方或多方，在相互矛盾发展到极点时，其行为特点为具有暴力倾向，以对他人产生身体造成伤害为目的的一种主观意识行为，不管这种行为起因何由、什么目的都是一种不理智不文明的行为，严重者会触犯法律。

【预防措施】

一、打架的主要原因

1. 法律意识淡薄，思想单纯，头脑简单。自控能力、自我调节能力低下；感情易冲动，遇事不冷静，不考虑后果。

2. 行为规范意识不强，模仿能力强，喜欢身体力行，表现欲强烈，争强好胜，爱管闲事。

3. 学习成绩相对低下，上进心不强，无事找事。

4. 恋爱失败，因爱生恨，反目成仇。

5. 交友不慎重，没有深入了解对方便密切接触，盲目跟从。

6. 发生矛盾时处理不当，致使矛盾升级，纠集老乡、哥们等，聚众斗殴。

二、打架斗殴的预防

1. 学习法律知识，做到知法、懂法，并知道怎样利用法律武器保护自己的合法权益。

2. 加强行为规范意识。把行为规范的种子深植于心中，经常使用“你好”、“对不起”、“谢谢”等这类文明用语，避免刺激言行，出口成脏。

3. 加强自身修养，形成正确的人生观、价值观。克服“死要面子，活受罪”的虚荣心理，明确自尊是一个人具有积极意义的品质，培养科学的自尊。同时加强个性修养，培养豁达大度、克己忍让、热情真诚的优良品质，由“看不惯”转变为“互为欣赏”，改善“心理不相容”。

4. 不看暴力电影，不沉迷暴力游戏，提倡“绿色上网”，发现他人有看暴力影视的爱好，要及时正面劝诫，必要时报告老师。

5. 提高防范意识，增强自我保护能力，晚间尽量不要到偏僻场所，外出时结伴而行。

6. 在公共场所要远离那些寻衅滋事的人员，尽量少去或不去治安状况差的场所。

7. 在处理矛盾时，要互相谅解，求同存异，并学会化解矛盾和纠纷。在矛盾不能解决时，要立刻报告老师，由老师出面化解。

8. 克服老乡观念和哥们义气，遇事头脑冷静，不感情用事，不参加不良团伙，不参与打架斗殴。

9. 不结交社会上不良分子，做人应踏踏实实，任何依靠不正当手段获得的风光都不会有好的结果。

10. 正确认识发生在校内外的学生伤害案件，从中总结经验、吸取教训。

11. 常怀感恩之心，善待自己，善待他人，健康生活，让父母放心。

【案例介绍】

某职校女生冯某应别班同学邀请外出烧烤，认识了本校的一些同学。其中有一男生封某，对冯某产生好感，事后封某多次打电话给冯某，邀请其外出来玩耍，冯某多次拒绝，并感到厌烦。某次封某打电话给冯某，冯某刚好和老乡男生黄某在一起，黄某知道封某多次骚扰后，心存不满，用冯某的手机发了一条短信去威胁封某。封某见此短信，恼羞成怒。

了解黄某所在的班级宿舍后，纠集在学校结识的4个同学，去到黄某所在班级的宿舍，把黄某拉到楼梯口，对他进行辱骂并拳打脚踢。同班同学见此情况，马上打电话报告给班主任，班主任和值班老师及时赶到现场制止。事后，封某、黄某等人受到了学校处分。

【分析讨论】

1. 女生应如何预防骚扰？
2. 发现同学打架时应该如何处理？
3. 与同学发生矛盾纠纷时应该如处理？

【思考题】

拉帮结派、为兄弟义气而斗殴容易导致什么后果，对自已和他人有什么样的影响？

【作业题】

1. 通过学习，我了解了____________________。
2. 通过案例分析，我学会了____________________。
3. 通过案例讨论，我提高了____________________。

【落实行动】

1. 慎重交友，不随便和陌生人外出玩耍。
2. 不轻易把个人电话号码等详细信息告知他人。
3. 遇到解决不了的问题要及时上报给老师。

第三节　杜绝酗酒

【知识链接】

酒是一种能够刺激和麻痹神经系统的物质，经过人体胃、小肠的作用，渗入到血液中，从血液扩散到身体的各个部位。在酒精的麻痹下，人的思维过程直接受到干扰而变得意识模糊、反应迟钝、神态失控乃至胡作非为、违法犯罪。

【预防措施】

一、酗酒的危害

1. 酒精会抑制延脑的呼吸中枢，造成呼吸停止而死亡，另外血糖下降可能是致命的因素。

2. 酗酒者最常见会造成的身体疾病，包括消化性溃疡、肝炎、肝硬化、脑溢血、食道出血、胃癌、急慢性胰脏发炎等疾病。

3. 青少年养成了酗酒的习惯，由于这时期的脑部还在发育的阶段，会影响到脑部的学习记忆能力，对于将来一生的脑部功能可能会有影响。

4. 酗酒后，由于酒精的作用，使酗酒者变得野蛮、愚昧、粗暴，而异常的兴奋又导致酗酒者失去理智、为所欲为，极易对周围的人破口谩骂、动手殴打，或者大肆打砸公私财物。

5. 酗酒使人精神萎靡不振，荒废学业。酗酒损害身体健康，影响休息，会造成学生迟到、早退、旷课等情况，很难想象一个醉汉还能潜心钻研什么学业。

6. 容易干出违法违纪之事。

二、预防酗酒的方法

1. 自觉遵守学校规章制度，在校期间不喝酒。
2. 养成勤俭节约的良好习惯，杜绝铺张浪费。
3. 巧妙拒绝别人劝酒。

【案例介绍】

某职校学生杜某生日请客吃饭，邀请同宿舍的 6 人及校外朋友共 20 余人在路边夜市烧烤摊喝酒庆生。席间，杜某朋友梁某去上厕所，洗手的时候把水甩到邻桌的人身上，当场引发了争执，两人都喝多了，神志不清，便破口大骂，相互推打。同桌的人看见了，过来把他们拉开。回桌后，梁某跟大家说事情的原由，他越说越生气，就动员大家去教训邻桌的人。整桌的人都喝酒上头，情绪激动，与邻桌发生激烈打斗，造成多人受伤的严重后果。

案发后，公安局刑警大队高度重视，严厉追查，不到 12 小时，就将涉案人员全部抓捕归案。参与本次酗酒打架的人员均被判刑三年到十年。悔恨当初一时冲动，酗酒酿成血案，美好的前程就此断送。

【分析讨论】

1. 如何理性地庆祝生日？
2. 如何拒绝别人劝酒？
3. 当醉酒的朋友起哄打架斗殴，我们应当怎样做才能预防血案的发生？

【思考题】

酿成血案的原因是什么？

【作业题】

1. 通过学习，我了解了________________________。
2. 通过案例分析，我学会了________________________。
3. 通过案例讨论，我提高了________________________。

【落实行动】

1. 同学或朋友邀请你参加庆祝生日或聚餐时，应该问明白在何处和谁人，如有品行不良的人邀请，应该礼貌拒绝。

2. 发现聚会现场人员混杂，应该借故提前离开。

3. 在任何情况下都不要参与打架斗殴。

第四节　远离管制刀具

【知识链接】

禁止学生携带管制刀具，既是法律的规定，也是预防学生犯罪的需要。非法携带管制范围刀具的，公安机关除没收其刀具外，并按照《中华人民共和国治安管理处罚法》的有关条款给予治安处罚。妨害公共安全行为情节严重、触犯刑律的，依法追究刑事责任。

管制刀具的认定：

1. 匕首：带有刀柄、刀格和血槽，刀尖角度小于60度的单刃、双刃或多刃尖刀（见图一）。

2. 三棱刮刀：具有三个刀刃的机械加工用刀具（见图二）。

图一

图二

3.带有自锁装置的弹簧刀（跳刀）：刀身展开或弹出后，可被刀柄内的弹簧或卡锁固定自锁的折叠刀具（见图三）。

4. 其他相类似的单刃、双刃、三棱尖刀：刀尖角度小于60度，刀身长度超过150毫米的各类单刃、双刃和多刃刀具（见图四）。

图三

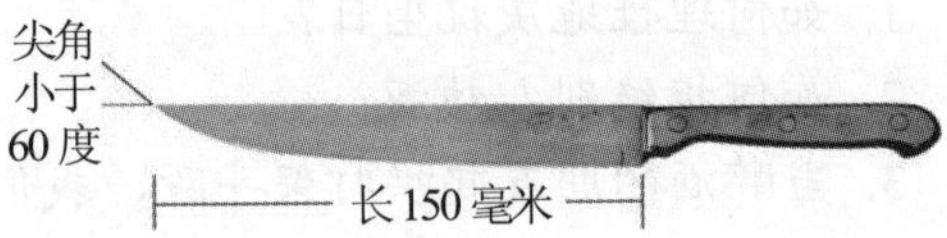

图四

5. 其他刀尖角度大于60度，刀身长度超过220毫米的各类单刃、双刃和多刃刀具（见图五）。

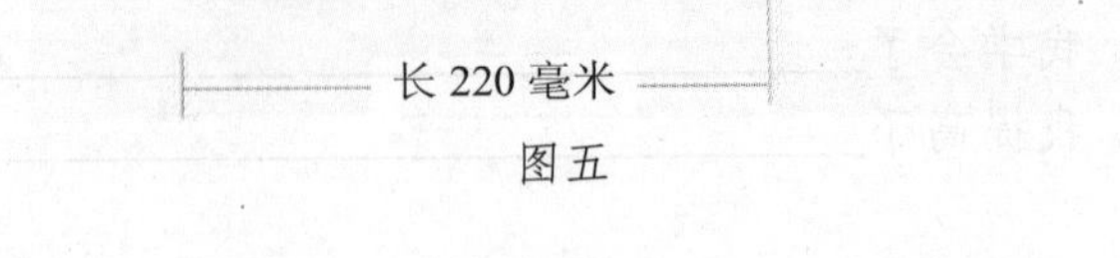

图五

6. 符合《中华人民共和国治安管理处罚法》的其他类型管制刀具。

【预防措施】

一、管制刀具进入校园的危害性

1. 学生携带、私藏管制刀具是触犯《中华人民共和国治安管理处罚法》的行为。
2. 学生携带、私藏管制刀具，由于玩耍而伤及自己或他人，严重的构成犯罪。
3. 学生携带、私藏管制刀具，容易被不法分子利用，成为犯罪工具，危害公共安全。
4. 由于携带、私藏管制刀具，助长了学生逞强好胜的心理，一旦与同学发生冲突，随身携带的管制刀具很可能成为实施犯罪的工具。
5. 青少年思想比较简单，遇事容易冲动、偏激。携带、私藏管制刀具容易酿成无法预计的后果，既害了别人，也害了自己和家人。

二、远离管制刀具的方法

1. 自觉学习法律知识，做到知法、懂法、守法，杜绝携带、私藏管制刀具的违法行为。
2. 不结交品行不良的朋友，不加入任何帮派，一旦发现结交的朋友有携带、私藏管制刀具的，要远离他，不再与他交往。
3. 对管制刀具不要存在好奇或侥幸心理，携带、私藏迟早会被发现的。
4. 发现他人在校园携带、私藏管制刀具的，要马上报告班主任或值班老师。

【案例介绍】

某职校学生赵某喜欢溜冰，在溜冰场认识一些校外不良青年，经常出来相聚喝酒，便结拜为“兄弟”。其中有一个叫豪哥的是这伙人的大哥，豪哥是本地人，经常与无业青年做些偷盗、抢劫勾当。

某日，豪哥与人发生冲突，被人捅了一刀。豪哥为报复他人就打电话给赵某等人，约他们出去帮忙，并带上9把砍刀放在背包里。赵某等人逃课爬墙出校，在一奶茶店和豪哥等人会合。刚商量好怎么去动手，店内突然进来一批警察将他们控制，并从他们身上搜出砍刀。事后，豪哥等人被公安局拘留十五日并处五百元罚款，赵某等五人是在校学生，被学校开除学籍。

【分析讨论】

1. 赵某等5名学生为什么会被公安局处罚和学校开除？
2. 在娱乐场所认识的陌生人，是否可以深交？是否不问原由就可为所谓的“兄弟”两肋插刀？

【思考题】

携带管制刀具的危害是什么？

【作业题】

1. 通过学习，我了解了＿＿＿＿＿＿＿＿＿＿＿＿＿＿＿＿＿＿＿＿。
2. 通过案例分析，我学会了＿＿＿＿＿＿＿＿＿＿＿＿＿＿＿＿＿＿。
3. 通过案例讨论，我提高了＿＿＿＿＿＿＿＿＿＿＿＿＿＿＿＿＿＿。

【落实行动】

1. 交朋友要慎重，整天出来喝酒玩乐不务正业的朋友不可深交，更不可为他打架斗殴。
2. 少去娱乐场所，在娱乐场所认识的朋友要慎重交往。
3. 不携带、私藏管制刀具。

第五节　杜绝乱丢乱砸

【知识链接】

故意或无意拿起物品往楼下丢砸，或随地乱丢东西，都是不道德的行为，若造成财产损失或人员伤亡，除赔偿经济损失外，还要受到学校处分，情节严重的要承担法律责任。

【预防措施】

一、乱丢乱砸的后果

1. 行为不良，影响个人形象。
2. 乱丢乱砸影响校园环境卫生。
3. 高空砸物易造成财产损失或人员伤亡。

二、杜绝乱丢乱砸的行为

1. 讲文明，讲礼貌，养成个人良好品行。
2. 不乱丢砸东西，废弃物品要放到指定地点。
3. 在公共场所不要打闹，更不能互丢互砸物品。
4. 物品不能放在栏杆、窗台或阳台上，遇大风吹或外力碰撞易掉落。

【案例介绍】

某职校学生蔡某，所住的宿舍为五楼。一天与同班同学张某在宿舍打闹，用矿泉水瓶装满水相互丢砸。张某躲闪，瓶子从楼后窗外掉下，刚好砸到围墙外行人刘某的头部，鲜血直流。刘某报警后，学校协助警察调查此事，通过校园监控系统，确认肇事者为蔡某。事后，蔡某主动承认了错误，向刘某道歉，并赔偿了刘某的医疗费用 5000 元。

【分析讨论】

1. 平时打闹玩耍会出现什么问题?
2. 乱丢乱砸会造成什么样的后果?

【思考题】

如何避免高空坠物伤人?

【作业题】

1. 通过学习，我了解了＿＿＿＿＿＿＿＿＿＿＿＿＿＿＿＿＿＿＿＿＿＿＿＿。
2. 通过案例分析，我学会了＿＿＿＿＿＿＿＿＿＿＿＿＿＿＿＿＿＿＿＿＿＿。
3. 通过案例讨论，我提高了＿＿＿＿＿＿＿＿＿＿＿＿＿＿＿＿＿＿＿＿＿＿。

【落实行动】

1. 在生活中，注意个人的品德修养，杜绝乱丢乱砸。
2. 宿舍中不存放废弃物品，每天要及时清理。
3. 发现他人乱丢乱砸时，要及时劝阻，并报告老师。

第六节　严禁攀爬

【知识链接】

攀登和爬越，指用双脚和双手在某一个地方借物体用力向上运动，因没有外界的保护措施及所借物体的原因，容易出现意外。

【预防措施】

一、攀爬的危险

1. 攀爬围墙或栅栏等，身体容易失去平衡，很容易摔伤。另外，许多栅栏或围墙的顶端多是尖锐的铁刺或碎玻璃，容易被刺伤。如若围墙或栅栏倒塌，被压者轻则骨折，重则失去生命。

2. 不要攀爬到没有安全设施的高处，如小山坡、悬崖等。一旦失手、失足坠落，轻者会把胳膊或腿磕破、流血，重者则会骨折、瘫痪，甚至危及生命。

3. 在攀树的过程中，如果抓扶的树枝突然折断，会从高处摔落受伤，或者被掉下来的东西砸伤。

二、预防攀爬的措施

1. 有事外出需请假，不能爬墙外出。
2. 不要爬树摘花摘果，避免发生意外。
3. 杜绝晚归，不能爬墙回校。
4. 发现其他同学攀爬围墙或爬树时，及时劝阻，并尽快报告管理员或值班老师。

【案例介绍】

2011 年 1 月 9 日，贵州某初中卜某等 6 名住校生为赴朋友生日宴会，未经学校同意，于当晚 11 点左右爬墙出校。在爬墙的过程中，卜某和胡某率先翻过围墙，并站在墙外接应，李某、陈某和余某在翻墙时，围墙突然倒塌，压住了站在墙外的卜某和胡某。

由于是违纪行为，另外 4 名同学非常害怕，不敢声张，匆忙逃离现场。事后被倒塌围墙压住的两名学生被校方发现救出，后经抢救无效死亡。

【分析讨论】

1. 造成伤亡案件的主要原因是什么？
2. 此案件给学校和家庭带来什么样的危害？

【思考题】

如何避免类似的案件发生？

【作业题】

1. 通过学习，我了解了______________________________。
2. 通过案例分析，我学会了____________________________。
3. 通过案例讨论，我提高了____________________________。

【落实行动】

1. 学生外出，需提前办理请假手续。
2. 自觉遵守学校规章制度，不做攀爬围墙等违纪行为。
3. 发现他人攀爬时，及时劝阻并报告老师。

第七节　预防被踩踏

【知识链接】

踩踏一般指在某一事件或某个活动过程中，因聚集在某处的人群过度拥挤，致使一部分甚至多数人因行走或站立不稳而跌倒未能及时爬起，被人踩在脚下或压在身下，短时间内无法及时控制、制止的混乱场面。

【预防措施】

一、可能导致踩踏事故的原因

1. 人群较为集中时，由于拥挤或前面有人不慎摔倒，后面的人未留意，没有止步就会导致踩踏。

2. 人群受到惊吓，产生恐慌，如听到尖叫声、爆炸声、其他刺耳的声音和突如其来的变故、灾害，出现惊慌失措的失控局面，在无组织无目的的逃生中，会发生相互拥挤踩踏。

3. 受好奇心驱使，专门找人多拥挤处看热闹，造成不必要的人员集中而导致踩踏。

4. 在上下楼梯或出入狭窄处，故意拥挤、起哄、恶作剧、打闹、推搡、突然停留和开玩笑等。

5. 不按秩序和方向出入公共场合，易发生踩踏事件。

二、踩踏事故的危害及责任

1. 踩踏事故容易造成群体性伤亡，影响家庭和社会稳定。

2. 故意制造踩踏事故者将受到法律的严厉制裁。

三、踩踏事故的预防

1. 按规则上下楼梯，靠右、礼让、慢行，遵守秩序、轻声慢步、不拥挤。

2. 上下楼梯时，不要系鞋带、不捡掉在地上的物品、不攀肩而行、不高声喧哗、不搞恶作剧（推搡、尖叫、乱喊、开玩笑）、不乱跑乱窜。

3. 尽量避开人员高峰期（上课、下课、放学、集合），可适当提前或延后上下楼。手上持有重物或身体有伤病时更要注意。

4. 如有偶发事件发生，要沉着冷静，千万不能惊慌失措、高喊大叫、乱挤乱窜，服从老师或学生干部的指挥。

5. 如遇晚间上下楼梯时突然停电，应在原地停住不动，等待重新供电。若楼梯安装有应急灯照明，可在老师或学生的指挥下缓慢行进。

【案例介绍】

2009 年 12 月 7 日晚，某高中发生一起伤亡惨重的校园踩踏事件。晚自习下课后，8 个班的 400 多名学生回宿舍，虽然学校有 4 个楼梯口，但由于天降大雨，所有的学生都挤到这个离宿舍比较近的楼梯下楼，队伍前面有两个调皮的学生将路堵住，后面学生不慎摔倒，骤然引发了拥挤。人与人重叠在一起，发生了惨剧。共造成 8 名学生遇难，26 人受伤。

【分析讨论】

1. 踩踏事件的起因是什么？

2. 上、下楼梯时，应该注意什么问题？

【思考题】

在生活中，如何预防踩踏事件的发生？

【作业题】

1. 通过学习，我了解了____。

2. 通过案例分析，我学会了____________________________________。

3. 通过案例讨论，我提高了____________________________________。

【落实行动】

1. 下课或会议结束后，很多人走楼梯或出口时，要按秩序和靠右慢行，不得推挤，不得乱喊乱叫。

2. 踩踏事件是很严重的事件，我们都应该高度重视，并按预防措施去做。

第八节　预防食物中毒

【知识链接】

吃了“有毒食物”而引起的急性中毒症状为主的一类疾病，叫做食物中毒。

【预防措施】

一、食物中毒的特点

1. 食物中毒是突然发病，少则几人、几十人，多则数百人，而且集中在一天或一餐次。大多在进食后的2～24小时内发病。

2. 中毒者往往是吃了同一种或几种食物而发病的，而未吃“有毒食物”的人不发病。

3. 中毒者大都有恶心、呕吐、腹痛、腹泻、头晕、无力等症状，严重者会危及生命。

4. 中毒者和健康人之间不传染。

二、食物中毒的预防

1. 不乱吃学校食堂以外的不卫生或来历不明的食物。

2. 尽量不吃生的或半生不熟的食物。

3. 购买包装食物时，注意查验生产日期，不吃过期食物。

4. 食用瓜果要清洗干净。

5. 注意养成良好的个人卫生习惯，饭前便后要洗手。

【案例介绍】

3 月 24 日下午，某师范学院 8 名学生在学校附近的某快餐店就餐。餐后，这 8 名大学生不同程度出现紫绀、头晕、呕吐等症状。经医院救治，7 人轻微中毒，1 人中毒较深需住院治疗。经相关部门调查取证，该快餐店内出售的腌制食物内含有亚硝酸盐，8 名学生就是吃了此食品而中毒的。

【分析讨论】

1. 外出就餐或购物时应注意食品安全的什么问题？
2. 发生食物中毒事件如何处理？

【思考题】

在生活中，如何避免食物中毒事件的发生？

【作业题】

1. 通过学习，我了解了________________________________。
2. 通过案例分析，我学会了________________________________。
3. 通过案例讨论，我提高了________________________________。

【落实行动】

1. 要到正规的商店购买食品。
2. 不到三无证件的饮食店就餐。
3. 不要食用过期变质的食物。

第九节　自动取款机安全

【知识链接】

自动取款机又称 ATM，意思是自动柜员机，因大部分用于取款、存款，可提取现金、查询存款余额。

【预防措施】

一、操作 ATM 机时存在的安全隐患

1. 直接在 ATM 自动取款机上安装吞卡及微型摄像装置，窃取客户的银行卡及卡密码。
2. 利用多种骗局如以银行名义伪造“通知”、“转账”等手法诱骗客户卡号及密码。
3. 用强力胶在出钞口粘一块塑料片，或者直接用胶水封住出钞口，使 ATM 自动取款

机吐出的钱留在出钞口附近。

4. 在“确认”键和“取卡”键上涂上强力胶水，使取款人在输入密码和金额后无法取钞和退卡。

5. 利用高倍望远镜或利用特殊光线等工具获取密码。

6. 在门禁系统上加装类似读卡器的装置，以此获取客户卡号及密码，随后克隆银行卡提取现金。

二、操作 ATM 机安全预防方法

1. 取款前注意观察周边环境，输入密码时应用手遮住密码按键，防止信息泄露。

2. 不要相信张贴在 ATM 机任何所谓的“紧急通知”、“转账通知”等。

3. 遇到取款故障，不要离开，应通过电话联系银行工作人员，由其到场处理。

4. 对于 ATM 机吐出的取款凭条，不要轻易扔掉，凭条上有取款卡号、金额等信息，随意乱扔会影响存款安全。

5. 使用门禁系统时要注意观察，加装的“门禁系统”会比原有的门禁系统稍大，且不牢固。

6. 在取款时不要轻信任何陌生人，也不要随便分散自己注意力。

【案例介绍】

某大学生张某在一台 ATM 机查询信用卡余额，当她操作即将结束时，身后一名男子提醒她钱掉了，张某看到脚下有十元钱，遂弯腰捡钱。刚拿到钱，身后的人就催促让她快点，张某看到取款机的出卡口有一张信用卡，便匆忙拿卡离开。后来她发现自己拿的卡已经被人换成一张废卡，自己账户内的所有钱已被人取走。

【分析讨论】

1. 在 ATM 机取钱时，应注意什么问题？
2. 万一被吞卡了，应该怎么办？

【思考题】

谈谈你了解多少种 ATM 机作案手段？应该怎么预防？

【作业题】

1. 通过学习，我了解了____________________________。
2. 通过案例分析，我学会了____________________________。
3. 通过案例讨论，我提高了____________________________。

【落实行动】

1. 利用所学知识，时刻提防，安全取款。
2. 晚上不要在偏僻的地方取款。
3. 注意保管个人钱财。

第二章　学生校外实习安全

校外生产实习不仅指生产，还包括一定的生产、经营、服务等各行各业的职业行为。中等职业学校的生产实习可包括实践实习、课程实习、顶岗实习等几个部分。学生到企业进行实习，是培养技能型人才，实现培养目标的主要途径。它不仅是校内教学的延续，而且是校内教学的总结。学生实习，其目的是巩固学生专业知识和扩大社会知识面，把理论用于实践，成为有理论懂操作的社会实用型人才。学生实习，点多面广，刚步出校门的学生社会经验少，安全意识淡薄，因此，高度重视学生校外实习的各种安全教育并落到实处，是学生迈出校门走上社会的重要保障。本章主要是从学生在校外实习过程中所涉及的相关安全方面进行探讨。

第一节　交通安全

【知识链接】

交通安全是指人们在进行各种活动过程中，按照《交通法规》的规定，安全地行车、走路、避免发生人身伤亡或财物损失。学生外出实习，交通安全是指学生在实习期间在道路行走、驾驶和乘坐交通工具时不发生任何人员的伤亡和财产损失的状态。

【预防措施】

一、学生外出实习常出现的交通安全事故

1. 不遵守交通规则闯红灯或是横穿公路不走斑马线被机动车撞伤撞死的。
2. 违章驾驶机动车发生的交通事故。
3. 乘坐车、船发生的交通事故。
4. 行走时被机动车或非机动车撞伤的。

二、交通安全的预防措施

1. 认真学习并必须掌握基本的交通安全常识。
2. 培养自己的文明交通意识，养成遵守交通法规的良好习惯。
3. 要时刻把交通安全牢记在心，并落实到行动。
4. 禁止无证或酒后驾车。
5. 要增强自我保护意识，谨防他人由于过失等对自己造成伤害。

三、发生交通事故的处理

1. 要及时报警。可拨打“122”交通事故或“110”报警电话，并及时与学校的老师取得联系，千万不能和肇事者“私了”。

2. 保护好事故现场，等警察来处理。

3. 不要让肇事者离开事故现场。

【案例介绍】

小赵是某职校二年级学生，2010 年 9 月被学校安排到某汽修厂实习，按照学校和单位的要求，实习学生中午在单位原地休息，下午继续上班。9 月的一天，小赵在中午时间跑到网吧去上网，因上网时间太久，小赵下午上班时间迟到了。在返回实习单位过程中，骑自行车的小赵因闯红灯被一辆飞驶过来的摩托车给撞倒，造成一条大腿和一条手臂骨折，花去医药费共一万多元。

【分析讨论】

1. 小赵发生交通事故的原因是什么？
2. 事故发生后，对小赵有何影响？

【思考题】

在日常出行中，我们怎么避免类似的事情发生？

【作业题】

1. 通过学习，我了解了____。
2. 通过案例分析，我学会了______________________________________。
3. 通过案例讨论，我提高了______________________________________。

【落实行动】

1. 在日常生活中，严格遵守交通规则。

2. 工作学习过程中，遵守学校及企业的规章制度。

第二节　财产安全

【知识链接】

人身财产安全是指个人的生命健康和私有财产等不受外界任何因素的伤害，从而保证个体能够舒适地工作。人身财产伤害主要分为四种类型：一是自然灾害造成的伤害；二是意外事故造成的伤害；三是人为因素造成的伤害；四是不法侵害造成的伤害等。

【预防措施】

一、学生在实习期间财产损失常见的情形

1. 贵重物品保管不善。
2. 住宿点门窗未锁，小偷趁虚而入盗走贵重物品。
3. 随意将陌生人带到住宿点。
4. 外出时随身携带的财物保管不当。

二、预防财产损失的措施

1. 贵重物品要随身携带，妥善保管，不要外露。
2. 离开住宿点时要关好门窗，贵重物品要放好。
3. 休息时也要锁好门窗，防止财物被窃。
4. 不要将陌生人带入住宿点。
5. 在人群拥挤的地方要提高警惕，保管好随身携带的贵重物品。

【案例介绍】

2011 年 5 月的某一天，在某物流公司实习的小董下午下班回到实习住宿点后，脱下工作服放在床上，就到卫生间洗澡。等他洗完澡出来的时候，发现放在工作服里面的钱包和手机都不见了。原因是小董去洗澡时没有关好宿舍的门，被一经过的男子看见了就趁机将其财物盗走。

【分析讨论】

小董应该如何避免财物被盗？

【思考题】

在日常生活中，我们应如何增强安全防范意识，妥善保管好自己的财物？

【作业题】

1. 通过学习，我了解了____。
2. 通过案例分析，我学会了______________________________________。
3. 通过案例讨论，我提高了______________________________________。

【落实行动】

1. 自己的物品要妥善保管，或放在有人保管的地方。

2. 公共场所，要增强安全防范意识，贵重物品不要脱离自己的视线。

第三节　校外生产实习安全

【知识链接】

校外生产实习是学生学习过程的一门必修课。在实习过程中必须严格遵守安全操作规程，高度重视实习过程的安全工作，确保各项工作的顺利进行。

实习生产过程中，容易发生安全事故主要是相关的一些人员不遵守相应的操作规则造成的，即安全生产中的“三违”现象。“三违”是指：违章指挥、违章作业、违反劳动纪律。

违章指挥是指：企业负责人和有关管理人员法制观念淡薄，缺乏安全知识，思想上存有侥幸心理，对国家、集体的财产和人民群众的生命安全不负责任。明知不符合安全生产有关条件，仍指挥作业人员冒险作业。

违章作业是指：作业人员没有安全生产常识，不懂安全生产规章制度和操作规程，或者在知道基本安全知识的情况下，违反安全生产规章制度和操作规程，不顾国家、集体的财产和他人、自己的生命安全，擅自作业，冒险蛮干。

违反劳动纪律是指：上班时不知道劳动纪律，或者不遵守劳动纪律，违反劳动纪律进行冒险作业，造成不安全因素。

【预防措施】

一、校外生产实习安全隐患情形

1. 不遵守规章制度，没做好上岗前的安全措施。
2. 不听从单位领导和师傅的安排。
3. 工作中存在侥幸、省事等不良心理。
4. 没有安全生产常识，违反操作规程。

二、校外生产实习安全预防措施

1. 严格遵守实习单位的规章制度，上岗前要做好安全措施的准备。
2. 服从实习单位领导和师傅的安排。
3. 克服侥幸、省事等不良心理。
4. 在师傅的指导下严格按照操作规程进行作业。

【案例介绍】

小刘是某中职学校的一名二年级学生，利用暑假时间到学校附近一家修理厂实习。他平时表现都非常积极，实习过程中没有出现任何迟到、早退和旷工等现象，并虚心向师傅请教工作中的各种问题，深得师傅的欢心。但是小刘有一个很不好的现象，就是在实习过程中经常穿着拖鞋上班，师傅曾多次提醒他穿拖鞋会存在安全隐患。比如穿拖鞋容易滑倒以及被一些利器刺穿脚底等，带着省事侥幸的心理，小刘没有把师傅的提醒放在心上。有一天，小刘和师傅抬着一台发动机到车间进行维修，由于地面滴有一些机油，小刘在抬的过程中踩到机油滑倒，被掉下的发动机砸中脚部，鲜血直流。经检查，小刘的踝关节粉碎性骨折。

【分析讨论】

1. 案例中，小刘为什么出现安全事故？
2. 在实习实训场所，我们应该注意哪些事项？

【思考题】

在实习实训过程中，如何避免类似的事情发生？

【作业题】

1. 通过学习，我了解了____。
2. 通过案例分析，我学会了____________________________________。
3. 通过案例讨论，我提高了____________________________________。

【落实行动】

1. 积极参加岗前培训，提高安全防范意识。

2. 工作过程中遵守纪律、服从指挥。

3. 实习实训过程中，严格遵守操作规程。

第四节　人际交往安全

【知识链接】

人际交往是指个体通过一定的语言、文字或肢体动作、表情等表达手段，将某种信息传递给其他个体的过程。通常人际交往有赖于以下条件：1、传送者和接收者双方对交往信息的一致理解；2、交往过程中有及时的信息反馈；3、适当的传播通道或传播网络；4、一定的交往技能和交往愿望。

【预防措施】

一、人际交往出现问题的原因

1. 生活阅历浅，社会经验少。刚出校门的学生，经常会碰到一些所谓的老乡，这其中有的是真，有的是假，而我们很多同学缺乏刨根问底的习惯，在不辨真伪的情况下，容易上当受骗。

2. 警惕性不高，疏于防范。在交往过程中，不注意个人信息的保密，给诈骗分子可乘之机。

3. 感情用事，轻率行事。为了某些目的而轻率交友，轻信他人花言巧语，容易被犯罪分子诱骗。

二、人际交往安全的预防措施

1. 个人和家庭的信息要注意保密，不要轻易将自己及家庭的信息告诉他人。
2. 保持高度警惕，一旦发现受骗，应当及时报警并报告学校及家人。

3. 交往要谨慎，不与品行不良的人来往。

4. 不要轻信虚假信息的诱惑。

【案例介绍】

小孙在一家环境和待遇相当不错的汽车 4S 店实习，平时工作比较努力认真，经常得到师傅的表扬。实习半年后，小孙觉得工作比较单调，收入不高，认为没有发展前途，渐渐地就有了动摇的念头。某天，小孙在网上认识了一位“老乡”，这位“老乡”了解到小孙的想法后，给小孙介绍了一份既轻松又能赚大钱而且又有发展前途的工作。在这位“老乡”的游说下，小孙辞去了 4S 店的工作，跟着这“老乡”去工作，几经辗转后到达所谓的工作地点。事后才知被这位“老乡”骗进了一个诈骗组织，专门通过电话来骗取别人钱财。

【分析讨论】

1. 在人际交往中应该注意什么问题？

2. 发现受骗后，小孙该如何处置？

【思考题】

在人际交往过程中，我们应如何避免被不法分子诱骗？

【作业题】

1. 通过学习，我了解了____。

2. 通过案例分析，我学会了____。

3. 通过案例讨论，我提高了____。

【落实行动】

1. 踏实工作，稳步提升工作能力。

2. 提高警惕，对别人提供的工作信息要仔细甄别。

3. 不要相信通过低端劳动能够获得高利润回报的工作。

第五节　上网安全

【知识链接】

伴随着计算机的普及和发展，网络给我们的工作学习和生活带来便利的同时也存在着许多负面的影响，特别是对青少年身心健康的影响是多层次、多方面的。如何引导青少年健康、安全上网是社会、学校以及家庭必须关注和解决的问题。

【预防措施】

一、青少年上网存在安全隐患的因素

1. 网上色情、暴力等不良信息的传播。
2. 迷恋上网，精神颓废。
3. 网上交友、求职等上当受骗，人身财产等容易受到侵害。
4. 网吧里上网，易受不法分子的伤害。
5. 网上发布谣言或虚假信息会导致违法犯罪。

二、预防青少年上网安全隐患的方法

1. 节制上网，不要沉迷于网络。
2. 自觉抵制浏览色情、暴力等不健康网站。
3. 禁止未成年人到网吧上网。
4. 到正规网吧上网，上网时注意个人财产安全。
5. 上网时不要发布谣言或虚假信息。

【案例介绍】

2013年4月23日0时08分，网名叫“我想去汶川”（化名）的广西某职业学校2011年级学生郑某，在腾讯微博上发布一条“南宁明天也地震，具体时间为上午9：00”的不实微博。

在学校保卫科的配合下，民警找到郑某并带回派出所做进一步调查。据郑某交代，2013年4月23日晚，其一个闲暇时感到百般无聊用手机在腾讯微博上发布一条“南宁明天也地震，具体时间为上午9：00”的不实微博。经批评教育，郑某认识到了自己的错误，主动删除不实微博。警方鉴于郑某悔过认错态度较好，且行为没有造成严重后果。根据《中华人民共和国治安管理处罚法》第二十五条第一款及第十九条第一款之规定，警方依法将嫌疑人郑某处以行政罚款二百元。

【分析讨论】

1. 上网应该注意哪些事项？
2. 如何正确利用网络进行有效的学习？

【思考题】

上网发布谣言或虚假信息会造成什么样的后果？

【作业题】

1. 通过学习，我了解了____。
2. 通过案例分析，我学会了______________________________________。
3. 通过案例讨论，我提高了______________________________________。

【落实行动】

1. 正确利用网络学习，不沉迷网络游戏。

2. 自觉抵制不健康网站。

3. 不听信谣言，不传播谣言。

第六节 求职就业安全

【知识链接】

所谓求职，是利用自己所学到的知识和技能，向用人单位寻求为其创造物质财富和精神财富，并希望获取合理报酬作为物质生活来源的一种过程。

毕业生在求职过程中，要提防社会上一些骗子利用各种渠道进行诈骗。对于刚走出校门的毕业生来说，由于社会阅历少，思想单纯，自我防范意识也相对较差，这就给一些骗子有了可乘的机会。一些不法分子或传销组织假借招聘名义，打着“高收入”、“高回报”、“工作好”等幌子将一些刚毕业的学生骗入传销组织或者骗取钱财，使一些涉世不深的学生在刚踏入社会时就受到伤害。

【预防措施】

一、学生求职过程中存在的安全因素

1. 以培训等各种名义收取相关的费用。
2. 宣传高就业、高待遇等进行诱惑。
3. 在就业协议书上附加一些不符合《劳动法》的条款。
4. 没有期限的“试用”。
5. 以高报酬等方式诱骗进传销组织。

二、求职过程中的预防措施

1. 选择学校公布的招聘单位。

2. 对自己获取的招聘信息要多方面求证。
3. 不要在求职过程中贪小便宜，这样会容易上当。
4. 不要轻易相信陌生人介绍的高就业、高收入的招聘信息。
5. 求职时不要轻易交相关证件和费用。
6. 发现被骗取财物，应及时报案。

【案例介绍】

某职业院校学生梁某在毕业之际经学校推荐，到当地一家知名汽车综合修理厂就业，工作一段时间后，梁某觉得工作辛苦且收入不高，之后就经常以各种理由不去上班，或上班迟到、早退。单位领导也多次对其进行教育劝导，希望梁某能及时改正，但梁某仍不改过，最后被单位辞退。辞退后的梁某无所事事，经常到网吧上网，后认识一位所谓的“哥们”朱某。朱某称为他介绍一份轻松且收入又高的工作，不谙世事的梁某信以为真，就跟着朱某一起去工作。到达目的地后，梁某才知被朱某骗进了传销组织。后在多方努力营救下，梁某才得以安全返回家中。

【分析讨论】

1. 梁某误入传销组织主要原因是什么？
2. 如何规划和实现自己的职业目标？

【思考题】

在求职就业过程中，我们怎么避免类似的事情发生？

【作业题】

1. 通过学习，我了解了____。
2. 通过案例分析，我学会了____________________________________。
3. 通过案例讨论，我提高了____________________________________。

【落实行动】

1. 在就业工作中，应遵纪守法，努力工作。
2. 求职就业，谨防上当受骗。

第三章　消防安全

第一节　火灾的情形

【知识链接】

“火灾”是指在时间和空间上失去控制的燃烧所造成的灾害。在各种灾害中，火灾是最经常、最普遍的威胁公众安全和社会发展的主要灾害之一。

【易发生火灾的情形】

1. 点燃的蜡烛、蚊香靠近窗帘、蚊帐等易燃物品。
2. 到床底、阁楼处找东西时，用油灯、蜡烛、打火机等明火照明。
3. 发现燃气泄漏时使用明火。
4. 阳台上、走廊上、楼道内燃烧纸片等易燃物品或燃放烟花爆竹。
5. 烟囱、炉灶的设置、使用不当。
6. 吸烟不慎。
7. 电气设备安装使用不当。
8. 购买使用劣质电气设备。
9. 乱拉电线，随意拆卸电器造成短路等。
10. 烧焊引燃周围物品。
11. 机器摩擦起火引燃周围物品。
12. 爆炸引起的火灾。
13. 在汽油等易燃油品附近使用明火。

【预防措施】

1. 不吸烟。吸烟危害身体健康，随意乱扔烟头又容易引发火灾，要遵守学生守则和学校的规章制度，坚决杜绝吸烟。
2. 不购买非正规厂家生产的或废旧的电器产品。
3. 电熨斗、电吹风等家用电器使用后要关掉电源，不要放置于易燃的物品上。
4. 不携带违禁电器、烟花爆竹等物品进入校园。
5. 过道里、楼梯上不要堆放物品，不燃烧物品。
6. 发现燃气泄漏，应立即打开门窗通风。千万不要在此时开关电器或使用明火。同时应立即到相对安全的地点报警或与供气部门联系，请专业人员来处理。

7. 不在有明火的地方使用装有易燃溶剂（空气清新剂、香水、花露水、酒精、发胶等）的按压式喷雾罐。

8. 点燃的蚊香不要靠近床沿、蚊帐、窗帘等易燃物品。

9. 不在家里、宿舍里储存易燃易爆的汽油、酒精、香蕉水等危险物品。

10. 不携带易燃易爆化学危险品乘坐各类交通工具。

11. 不在树林中抽烟、乱扔烟头、野炊、烧烤或焚烧物品。

12. 不私自接拉临时电线或使用电插座。

13. 不在宿舍等公共场所使用吹风筒、热得快、电炉等电器设备。

14. 做到人走断电，离开时要关掉电器开关，拔下电源插头，确保彻底切断电器电源。

15. 不搬动、挪用或损坏消火栓、水枪、水带、灭火器以及专门用于消防的锹、镐、钩、沙箱、提桶等设备。

【案例介绍】

2012 年 2 月某日，某职业学校学生宿舍发生火灾，将三张床的物品烧毁。经调查，当日晚上 19：30 学校召开教育大会，某宿舍最后一个离开的同学，将一个还在燃烧的烟头丢在床下，烟头正好掉落在行李箱上，点燃了行李箱。行李箱内有满箱的衣物，火越烧越旺，把旁边两张床的物品也烧掉。庆幸的是宿舍管理员发现浓烟后，及时通知救火，否则将造成更大的财产损失。

【分析讨论】

1. 案例中发生火灾的主要原因是什么？

2. 发生火灾后我们该如何处理？

【思考题】

小小烟头的背后是什么？

【作业题】

1. 通过学习，我了解了____。
2. 通过案例分析，我学会了____________________________________。
3. 通过案例讨论，我提高了____________________________________。

【落实行动】

1. 要认真学习消防安全知识，提高自身火灾防范意识。

2. 不吸烟，不随地扔烟头。

3. 拒绝使用违禁电器。

第二节 用电安全

【知识链接】

电气火灾一般是指由于电气线路、用电设备、器具以及供配电设备出现故障性释放热能，如高温、电弧、电火花以及非故障性释放的能量或电热器具的炽热表面，在具备燃烧条件下引燃本体或其他可燃物而造成的火灾，也包括由雷电和静电引起的火灾。

【使用电器的安全隐患】

1. 缺乏用电常识，不会正确接电、用电。
2. 电器质量不合格。
3. 使用“超期服役”的电器。
4. 用湿手接触电器设备或用湿布擦抹带电设备。
5. 电器积尘或者受潮。
6. 对使用电器方面的知识不了解，电器设备安装使用不当。

【预防措施】

1. 接电和安装电气设备要请专业技术人员操作。
2. 认真阅读家电用品使用说明书，正确使用家电用品。
3. 要明确电源总开关的位置，发现电器冒烟、冒火花或有焦煳的气味时，马上拉闸切断总电源。
4. 不用导电物体去试探电源插座。
5. 手脚和身体湿的时候，不触摸电器，不把电器放置在潮湿易导电的地方。
6. 发现电线的皮剥落，不能触摸电线，要及时断电并换成新电线。
7. 购买用电产品时要选择正规厂家的产品购买，尽量避免超负荷用电。
8. 保险丝被烧断，要请懂得用电知识的人来更换。保险丝应选用相同规格的保险丝，不使用替代品。
9. 电器失火时要马上切断电源，用干粉灭火器灭火，切勿用水来灭火。
10. 电器长久放置不用，要定期除潮除尘，使用时应先检查。

【案例介绍】

2010年9月10日，某高校5号楼403室一名学生在宿舍内使用电热杯，插上电源后，电源线拖在被子上，这时有同学找他有事，人就离开了宿舍。过了一段时间，管理员发现该宿舍窗口冒浓烟并报警，经消防人员全力扑救，大火得以扑灭。事后经调查，起火原因系线路超负荷发热，绝缘层熔化，造成线路短路起火，点燃被子引起火灾。

【分析讨论】

该宿舍起火的主要原因是什么？

【思考题】

我们如何预防类似的火灾发生？

【作业题】

1. 通过学习，我了解了________________________________。
2. 通过案例分析，我学会了____________________________。
3. 通过案例讨论，我提高了____________________________。

【落实行动】

1. 购买正规厂家生产的电器。

2. 不在宿舍等公共场所使用电炉、电热杯等违禁电器。

3. 离开寝室必须切断所有电源。

第三节 灭 火

【知识链接】

灭火就是去掉燃烧充分和必要条件中的一个或几个条件，使燃烧不能发生或不能持续。要想扑救火灾，首先要掌握灭火设备、器材的性能和使用方法。

【消火栓性能和使用方法】

1. 消火栓性能：消火栓是与自来水管网直接连通随时打开都会有 3 公斤左右压力清水喷出，它适合扑救木材、棉絮类火灾。

2. 消火栓使用方法：消火栓一般都设置在建筑物公共部位墙壁上，有明显标志，内有水龙带和水枪，当发生火灾时找到离火场距离最近消火栓，打开消火栓箱门取出水带将水带一端接在消火栓出水口上另一端接好水枪拉到起火点附近后方可打开消火栓阀门。

【灭火器性能和使用方法】

1. 灭火器性能：灭火器用来扑救初期火灾，目前一般学校配备的主要是手提式灭火器。

2. 灭火器使用方法：将灭火器提到起火地点附近，站在火场上风头，拔下保险销，一手握紧喷管，另一手捏紧压把，喷嘴对准火焰根部扫射，喷射有效距离应保持在 1.5 米左右。

【灭火注意事项】

1. 扑室内火灾不要先开窗门：室内着火，如果当时门窗紧闭，一般来说不应急于打开门窗。因为，房间门窗紧闭，空气不流通，室内供氧不足，火势发展缓慢。一旦门窗被打开，大量新鲜空气涌入，火势迅速发展；同时，由于空气对流的作用，火焰会向外窜出。所以，在发生火灾时不能不顾具体情况随便开启门窗。

2. 如果屋内只有烟雾而未见火苗，一般是刚刚起火，这时可稍稍开门，进去查看及早扑灭火源。如果屋内已出现火光，说明火势已经发展到一定阶段，这时，首先要准备好灭火器、水桶、 砂箱等，待门稍一开启，立即进去灭火。如果火势已经很猛烈，即使携带简易灭火器材，一般也不宜开启门窗。因为依靠这些“轻武器”去对付大火已不起多大作用，这时，备有能够立即射水的水枪，才可开启门窗，开启门窗时，一般站立在门窗开启时能够预防火焰突然窜出伤人的侧面。

3. 发生火灾，邻近燃烧区的房门窗也应及时关闭，防止烟雾和火焰窜入，以减少空气对流。一般木结构门窗在短时间内，火焰不会立即烧穿。因此，应沉着镇静，把门窗全部紧闭，并不断向门窗、楼板泼水，才能阻挡火势的进逼，室内才能得以安然无恙。

【如何报火警】

当火势较大无力扑救时要迅速拨打“119”报警，拨打火警电话要做到：

1. 打电话时要情绪镇定。

2. 听到话筒里说“我是火警报警中心”时再报告火灾情况，要说清发生火灾单位名称、详细地点、燃烧物质、火势大小、报警电话、报警人姓名。

3. 要注意报警中心提问，不要说完就放下电话，当对方说消防车马上就到时再挂断。

【案例介绍】

2008 年 5 月 5 日，某大学 28 号楼 6 层 S0601 女生宿舍发生火灾，着火后楼内到处弥漫着浓烟，6 层的能见度更是不足 10 米。着火的宿舍楼可容纳学生 3000 余人。火灾发生时大部分学生都在楼内，所幸消防员及时赶到将学生紧急疏散，事故才没有造成人员伤亡。宿舍最初起火部位为物品摆放架上的接线板部位，当时该接线板插着两台可充电台灯，以及引出的另一接线板。该接线板部位因用电器插头连接不规范，且长时间充电造成电器线路发生短路，火花引燃该接线板附近的布帘等可燃物蔓延向上造成火灾。事发后校方在该宿舍楼进行检查，发现 1300 余件违规使用的电器，其中最易引发火灾的“热得快”有 30 件。

【分析讨论】

1. 案例中起火的原因是什么？

2. 若是你发现接线板初生的火苗，你该如何处理？

【思考题】

发生火灾如何处置？

【作业题】

1. 通过学习，我了解了________________________________。
2. 通过案例分析，我学会了________________________________。
3. 通过案例讨论，我提高了________________________________。

【落实行动】

1. 学习使用消火栓和灭火器。

2. 学习掌握灭火常识。

3. 学习掌握火灾报警知识。

第四节　火场逃生、自救

【火灾逃生自救方法】

1. 一旦身受火灾威胁，千万不要惊慌失措，要冷静地确定自己所处位置，根据周围的烟、火光、温度等分析判断火势，不要盲目采取行动。

2. 身处平房时，如果门的周围火势不大，应迅速离开火场。反之，则必须另行选择出口脱身（如从窗口跳出），或者采取保护措施（如用水淋湿衣服、用淋湿的棉被包住头部和上身等）以后再离开火场。

3. 身处楼房时，发现火情不要盲目打开门窗，否则有可能引火入室。

4. 身处楼房时，不要盲目乱跑、更不要跳楼逃生，这样会造成不必要的伤亡。可以躲到居室里或者阳台上。紧闭门窗，隔断火路，等待救援。有条件的，可以不断向门窗上浇水降温，以延缓火势蔓延。

5. 在失火的楼房内，逃生不能使用电梯，应通过防火通道或安全出口走楼梯脱险。因为失火后电梯竖井往往成为烟火的通道，并且电梯随时可能发生故障。

6. 因火势太猛，必须从楼房内逃生的，可以从二层处跳下，但要选择不坚硬的地面，同时应从楼上先扔下被褥等增加地面的缓冲，然后再顺窗滑下，要尽量缩小下落高度，做到双脚先落地。

7. 在有把握的情况下，可以将绳索（也可用床单等撕开连接起来）一头系在窗框上，然后顺绳索滑落到地面。

8. 逃生时，尽量采取保护措施，如用湿毛巾捂住口鼻、用湿衣物包裹身体，同时趴在地上匍匐前进向外逃生。

9. 在无路逃生的情况下，可利用卫生间等暂时避难。避难时要用水喷淋迎火门窗，把房间内一切可燃物淋湿，还要用湿棉被堵住门，延长时间。在暂时避难期间，要主动与外界联系，以便尽早获救。

10. 利用标志引导脱险。在公共场所的墙上、顶棚上、门上、转弯处都设置"紧急出口"、"安全通道"、"火警电话"和逃生方向箭头等标志，被困时按标志指示方向顺序逃离，可解燃眉之急。

【案例介绍】

2012 年 01 月 11 日，某师范大学研究生宿舍 2 栋一楼发生火灾，浓烟将十一层高的整个宿舍笼罩，楼上百余个寝室的 500 余名学生被困。在浓烟的威胁下，大部分学生采取用湿毛巾捂住口鼻、弯腰逃生等方式自救，但仍有个别学生因受不了浓烟的熏呛做出将要跳楼的举动。危急时刻，在消防队员制止下，这几名学生最终被送至安全地带，消防人员救人与灭火同步进行。大火被扑灭，被困的 500 余名学生被成功疏散到安全地带。事后经调查，起火原因是该宿舍楼一楼的干洗店衣物不慎被引燃，火势蔓延并迅速产生很大的浓烟。

【分析讨论】

发生火灾时应如何逃生？

【思考题】

发生火灾时处置不当会造成什么后果？

【作业题】

1. 通过学习，我了解了______________________________。
2. 通过案例分析，我学会了______________________________。
3. 通过案例讨论，我提高了______________________________。

【落实行动】

1. 学习掌握逃生自救知识。

2. 遇到火灾时保持冷静，正确使用逃生技巧。

反侵权盗版声明